Pensamento filosófico
um enfoque educacional

SÉRIE ABORDAGENS FILOSÓFICAS EM EDUCAÇÃO

Pensamento filosófico
um enfoque educacional

Luiz Gonzaga Godoi Trigo

Rua Clara Vendramin, 58 – Mossunguê – CEP 81200-170 – Curitiba-PR – Brasil
Fone: (41) 2106-4170 – www.intersaberes.com – editora@editoraintersaberes.com.br

Conselho editorial
  Dr. Ivo José Both (presidente)
  Dr.ª Elena Godoy
  Dr. Nelson Luís Dias
  Dr. Neri dos Santos
  Dr. Ulf Gregor Baranow

Editora-chefe
  Lindsay Azambuja

Supervisora editorial
  Ariadne Nunes Wenger

Analista editorial
  Ariel Martins

Análise de informação
  Wlader Bogarin

Revisão de texto
  Tiago Krelling Marinaska

Capa
  Denis Kaio Tanaami (*design*)
  Imgram (imagem)

Projeto gráfico
  Regiane Rosa

Iconografia
  Danielle Scholtz

Dados Internacionais de Catalogação na Publicação (CIP)
(Câmara Brasileira do Livro, SP, Brasil)

Trigo, Luiz Gonzaga Godoi
  Pensamento filosófico: um enfoque educacional/
Luiz Gonzaga Godoi Trigo. Curitiba: InterSaberes, 2013.
(Série Abordagens Filosóficas em Educação)

  Bibliografia.
  ISBN 978-85-8212-678-3

  1. Educação – Filosofia 2. Educação – História 3. Pedagogia – História I. Título. II. Série.

12-10128   CDD-370.1

Índices para catálogo sistemático:
1. Educação : Filosofia 370.1

1ª edição, 2013.
Foi feito o depósito legal.
Informamos que é de inteira responsabilidade do autor a emissão de conceitos.
Nenhuma parte desta publicação poderá ser reproduzida por qualquer meio ou forma sem a prévia autorização da Editora InterSaberes.
A violação dos direitos autorais é crime estabelecido na Lei nº 9.610/1998 e punido pelo art. 184 do Código Penal.

Sumário

Apresentação ~ 7

Capítulo I
A necessidade da filosofia ~ 9
1.1   O Ocidente e a educação, 12
1.2   Educação filosófica e conversão, 17
1.3   Outras concepções de filosofia da educação, 18
1.4   Por que a filosofia?, 21
1.5   Do mito à filosofia, 29
1.6   E o que é filosofia?, 34
1.7   E o que temos a ver com isso?, 37
1.8   A filosofia e nossas vidas: Sartre, 43
1.9   A filosofia e a escolha de nossos caminhos, 52
1.10 Quanto à sua vida e à sua história, 55
1.11 Como na ficção..., 57

Capítulo II
   A importância da educação ~ 65
   2.1   Os desafios da educação para as diferentes pessoas, 69
   2.2   A educação é fundamental, 72

Capítulo III
   A filosofia e a filosofia da educação ~ 85
   3.1   A concepção do homem e a educação, 88
   3.2   Concepção clássica do homem, 89
   3.3   A linha pedagógica ao longo da filosofia grega, 97

Capítulo IV
   O mundo medieval e o mundo moderno ~ 113
   4.1   Uma filosofia cristianizada, 116
   4.2   Santo Agostinho e São Tomás de Aquino, 119
   4.3   Entre a miséria, as guerras e as letras, 122
   4.4   A filosofia pode provar a existência de Deus?, 125
   4.5   O mundo moderno, 126
   4.6   As igrejas cristãs e a educação, 149
   4.7   Kant e o encontro do racionalismo com o empirismo, 153
   4.8   O pensamento materialista na filosofia, 157
   4.9   Educando no pluralismo democrático das sociedades atuais, 165

Capítulo V
   A filosofia no século xx ~ 169
   5.1   O pensamento norte-americano, 175
   5.2   A nova lógica e os estudos da linguagem, 177
   5.3   O existencialismo, 178
   5.4   Outras filosofias, 183
   5.5   Filosofia e educação no Brasil, 186
   5.6   O futuro, 196

Considerações finais ~ 203

Referências ~ 205

Sobre o autor ~ 209

Apresentação

A educação é um imenso campo de trabalho e de pesquisa, fortemente articulado com outras áreas como tecnologia, comunicação, administração, sociologia, história e, necessariamente, filosofia.

Há vários autores e escolas que propõe diferentes métodos educacionais; portanto, é preciso analisarmos e compreendermos tais métodos para compará-los e aplicá-los de acordo com as diversas necessidades e projetos. Para entendermos uma proposta educacional, faz-se necessário um entendimento das bases conceituais e epistemológicas sobre as quais essa proposta se apoia. Aí se inscreve o campo da filosofia. Compreender os fundamentos filosóficos da educação significa compreendermos as matrizes dos distintos pensamentos ao longo da história e percebermos como o processo pedagógico se inseriu nos processos filosófico, histórico, político, econômico e cultural das diversas culturas e civilizações.

O objetivo deste livro é entender as fases filosóficas desde suas origens, na Grécia Antiga, e como as diferentes escolas filosóficas tentaram compreender e aplicar as suas noções pedagógicas ao longo da história. Antes mesmo da filosofia, ainda no período mítico grego, a educação já era um desafio social e uma atividade importante nas tribos de seres humanos que deixavam o nomadismo e formavam aldeias, campos de cultivo e núcleos humanos complexos. Dessas novas formações sociais surgiu o conhecimento específico e prático referente às navegações, à astronomia, ao comércio e às técnicas de construção e fabricação de utensílios e ferramentas. Essas técnicas e informações precisavam ser repassadas às novas gerações, assim como os ensinamentos míticos, filosóficos ou religiosos também formavam parte de uma cultura própria que também deveria ser ensinada aos mais jovens.

Os capítulos deste livro trazem informações sobre cada período filosófico e como estes influenciaram as escolas pedagógicas, seja de seu tempo, seja do futuro. Há exemplos práticos, referências de filmes e livros, indicações de *sites* e outras fontes de conhecimento para que o(a) leitor(a) possa, de acordo com seu interesse, ampliar o conteúdo apresentado. Foram inseridos alguns resumos e quadros explicativos que destacam, no texto, os conceitos básicos e as ideias estruturais de cada capítulo.

I

A necessidade da filosofia

Todo povo que alcança um certo grau de desenvolvimento encontra-se naturalmente inclinado a praticar a educação.

Jaeger, 1983, p. 3.

Com a frase citada na página anterior, o alemão Werner Jaeger abre seu volumoso livro intitulado *Paideia*, palavra que pode ser traduzida como "o processo de formação do homem grego".

Educação é um processo complexo que envolve cultura em geral, filosofia, ética, considerações sobre valores e outros tópicos, de acordo com o interesse de cada grupo e com as suas concepções educacionais.

Ao nascer, o ser humano, ao contrário de outros animais, é uma das criaturas mais indefesas do planeta, visto que necessita de um longo período de proteção para sobreviver aos rigores do clima, para conseguir se alimentar e se proteger sozinho e, finalmente, para aprender os princípios básicos do mundo que o cerca. Um bebê, ou uma criança pequena, não sobrevive sem a ajuda de seres humanos mais velhos. A necessidade de longo período de proteção, alimentação e cuidados dedicados aos mais novos exigiu uma vida humana organizada em grupos sociais bem estabelecidos, assim como uma forma de ensinar as crianças, da maneira mais rápida e eficiente, a se defenderem e a sobreviverem.

Através da história, em todas as culturas e civilizações, o ser humano teve que ensinar aos seus pares mais jovens a sua cultura, os seus valores, a forma de se comportarem em sociedade e nas atividades profissionais, a entenderem a natureza, a sociedade e a si próprios. Uma tarefa nada fácil ou óbvia. As civilizações orientais, desde a antiga Mesopotâmia (atual Iraque) e a Pérsia (atual Irã) até a Índia, China e Japão, passando pelo mundo islâmico, possuem fortes e definidos conceitos sobre educação, cultura e artes, preocupando-se até hoje em transmitir tais conhecimentos e princípios.

1.1 O Ocidente e a educação

No caso do Ocidente, as origens de seu pensamento, sua cultura e sua civilização surgem no antigo mundo grego. A própria filosofia surge na Grécia antiga. Com o surgimento das cidades-estado gregas (*pólis*), houve uma expansão do poder político, cultural e econômico para outras regiões vizinhas, seja na península balcânica, seja nas ilhas ou em regiões próximas, na área do Mediterrâneo. Isso significou o desenvolvimento de vários aspectos significativos da cultura grega (teatro, literatura, oratória), das formas de governo, da participação do povo nas tomadas de decisão (a antiga democracia grega) e nas questões mais práticas como agricultura, construção civil, navegação, comércio, matemática e geometria. O desenvolvimento intelectual da civilização grega possibilitou a discussão de suas comunidades sobre problemas mais abrangentes, denominados *cósmicos*. Para os antigos gregos, o mundo era o *cosmos*, uma palavra que significa "ordem", "beleza", "harmonia", em oposição ao *caos*, a desordem que existia antes da criação do mundo. E a filosofia, como já dissemos anteriormente, nasce nesse contexto repleto de mudanças. Os filósofos, assim chamados por seguirem a postura de se relacionarem intensamente com o conhecimento, eram os "amantes da sabedoria", esta constituindo o objetivo final desses grandes pensadores.

Um texto de Plutarco mostra como era a educação em Esparta após as reformas realizadas por Licurgo na legislação da cidade. É um exemplo dos limites extremos da educação em uma sociedade dominada pela necessidade de defesa bélica:

> Quando uma criança nascia, o pai não tinha direito de criá-la: devia levá-la a um lugar chamado lesche. Lá assentavam-se os Anciãos da tribo. Eles examinavam o bebê. Se o achavam bem encorpado e robusto, eles o deixavam. Se era mal nascido ou defeituoso, jogavam-no no que se chama os Apotetos, um abismo ao pé do Taigeto. Julgavam que era melhor, para ele mesmo e para a cidade, não deixar viver um ente que, desde o nascimento, não estava destinado a ser forte e saudável. (Pinsky, 1980, p. 108)

Essa prática extrema de apartar crianças geneticamente menos favorecidas do convívio social existiu em outras culturas além da espartana. O aperfeiçoamento moral e ético, embasado nas religiões e na filosofia, passou a exigir a proteção social das crianças, dos doentes, dos idosos e dos incapacitados em geral. Mas, na Grécia antiga e em muitas outras civilizações, a seleção biológica natural era acompanhada de uma seleção social rigorosa e pragmática. Os sobreviventes eram iniciados em um rigoroso processo educacional.

Para Pinsky:

A educação era um aprendizado de obediência. Os anciãos vigiavam os jogos das crianças. Não perdiam uma ocasião de suscitar entre eles brigas e rivalidades. Tinham assim meios de escutar, em cada um, as disposições naturais para a audácia e a intrepidez na luta. Ensinavam a ler e a escrever apenas o estritamente necessário. O resto da educação visava acostumá-los à obediência, torná-los duros à adversidade e fazê-los vencer no combate. (Pinsky, 1980, p. 109)

Para ler e assistir

Um famoso álbum de história em quadrinhos intitulado Os *300 de Esparta*, escrito e desenhado por Frank Miller e Lynn Varley (1999), narra a campanha do Rei Leônidas, de Esparta, com seus *300* guerreiros, contra as tropas de Xerxes, Rei da Pérsia, cujo plano era conquistar as cidades-estado da Grécia antiga, objetivo nunca alcançado, a despeito das inúmeras batalhas travadas e apesar do poderio bélico do império persa. A história mostra o extremo rigor, a disciplina e a honra dos soldados espartanos, dedicados totalmente ao treino e à luta para defender o modo de vida da nascente democracia grega.

Frank Miller escreveu a história inspirado no filme *Os 300 de Esparta* (1962), que assistiu ainda criança. Sua obra, por sua vez, originou o filme *300* (2006), um filme impressionante sobre a história da heroica batalha na qual um pequeno grupo de guerreiros gregos lutou contra os exércitos persas de Xerxes. Foi uma luta contra a opressão e a perda da liberdade individual e política, idealizada pela democracia grega antiga, frente à tirania representada por Xerxes, visto como uma divindade absoluta.

Segundo Tom Holland, no livro *Fogo persa*, essa batalha, realizada há 2.500 anos, foi o primeiro confronto entre Oriente e Ocidente, e a vitória posterior dos gregos garantiu a formação do pensamento e do modo de vida que passou a ser conhecido como *ocidental*, com suas bases gregas e, posteriormente, romanas.

Jean-Pierre Vernant afirmou que "a filosofia é filha da cidade", porque foi a reunião de seres humanos em comunidades permanentes e maiores que possibilitou o desenvolvimento e o acúmulo de conhecimento sobre o mundo, sobre a sociedade e sobre a própria vida humana. O comércio, a navegação, a agricultura, a construção e as trocas comerciais exigiam conhecimentos específicos. As artes e a mitologia expressavam uma tentativa dos primeiros seres humanos de compreender o mundo, mas foi com a filosofia e, posteriormente, com a ciência, que essa compreensão atingiu níveis de maior clareza. Isso foi possibilitado pelos diversos métodos de pesquisa, por conceitos mais definidos, por análises mais meticulosas do mundo e por uma sistematização dos antigos conhecimentos em "livros" – rolos de pergaminho guardados em bibliotecas formadas por prateleiras de madeira, nas quais milhares de rolos eram organizados em temas de conhecimento – que podiam ser consultados por pesquisadores interessados. Todo o conhecimento contido nesses livros precisava ser passado de geração em geração. Daí adveio a necessidade de se entender e se estabelecer o que seria, no futuro, chamado de *processo educacional*.

Purestock.

Figura 1 – O Partenon

Atenas foi uma das mais importantes cidades-estado da Grécia antiga. O Partenon foi construído na época de Péricles (447-438 a.C.) e era dedicado à Palas Atena, deusa da sabedoria.

A formação de uma cultura ou de uma civilização acontece ao longo de um processo histórico. Tal formação nunca é completamente isolada do contato com outras culturas, em maior ou menos escala. A Grécia antiga influenciou a civilização romana; ambas mesclaram-se ao antigo judaísmo, formando a vertente principal do cristianismo; e o cristianismo, fruto de complexas interações entre a filosofia grega, o pensamento monoteísta hebraico e a organização jurídico-política romana, por sua vez, influenciou fortemente o Ocidente. A Idade Média, a formação e expansão da Europa por meio das Grandes Navegações, o Colonialismo, o Renascimento, a industrialização e o mundo atual possuem uma profunda influência grega. Quando chamamos nossa civilização de *ocidental*, referimo-nos a um mundo que pode ser também denominado *judaico-cristão*, *aristotélico-tomista* (em referência aos filósofos Aristóteles – 384-322 a.C. – e Santo Tomás de Aquino – 1225-1274), *greco-romano* e outras denominações que remetem à racionalidade fundamentada na antiga filosofia grega. Entre Platão (cerca de 429-347 a.C.) e Aristóteles e os santos Agostinho (354-430) e Tomás de Aquino, estendem-se as vertentes do pensamento grego que moldaram a sociedade, o pensamento e a educação ocidental por milênios.

Essas são algumas das profundas e indissociáveis articulações entre filosofia, educação e cultura. Estudar os fundamentos filosóficos da educação é entender a gênese e a formação do processo educacional ocidental. Em um mundo cada vez mais globalizado, no qual o pensamento ocidental se alia às vertentes islâmicas e orientais, a educação se torna mais desafiadora e complexa. Atualmente, a educação no Ocidente necessariamente entra em contato com civilizações diferentes, desafios inéditos, tais como a troca de contatos entre civilizações e culturas em um mundo regido por uma interação mundial cada vez maior e influenciado por novos conflitos (terrorismo, pluralismo cultural, meios de transportes mais rápidos, fluxos turísticos mais densos etc.) e exigências morais e éticas diferenciadas nas diversas culturas globais.

1.2 Educação filosófica e conversão

Para que possamos refletir sobre esse assunto, vejamos a seguinte citação:

A educação filosófica, ao contrário da formação sofística, não deve buscar dar àquele que ela instrui armas para o sucesso na existência. Ser especialmente armado para o sucesso seria antes, ao contrário, o sinal de uma ausência total de educação filosófica e moral e mesmo de educação, simplesmente.
Além disso, como Sócrates indicava por meio da Maiêutica, o saber não é nem um objeto, nem uma mercadoria externa que se compraria de quem o possui. O saber é próprio de cada alma que dispõe do intelecto ou da inteligência como de um órgão: esse órgão é o olho da alma que deve se voltar (convertendo-se) ao Bem. (Dumont, 2004, p. 322)

Esse texto mostra como, na visão clássica de Sócrates e seus discípulos, o saber se destinava ao bem. Aristóteles afirma que a filosofia deve ser um longo caminho de aprendizado, tendo por finalidade a contemplação. Para atingir esse objetivo tão nobre, deve-se praticar o bem e a observação do belo.

É importante notarmos como essa concepção clássica é diferente das concepções educacionais que surgiram ao longo da história, propondo que o ser humano seja melhorado em sua eficiência, competência ou preparo profissional para a vida social e do trabalho, através do processo educacional. As próprias missões e finalidades das futuras escolas dependerão das diferentes análises, motivações e interpretações sobre a educação e seus propósitos.

1.3 Outras concepções de filosofia da educação

A aproximação dos fundamentos filosóficos da educação, neste texto, é uma das possibilidades existentes no amplo universo da filosofia e da educação. Em outros países, a estrutura conceitual dessa discussão conta com o pensamento de outros autores, outros temas e focos de análise. O verbete *Filosofia da educação*, da Universidade de Stanford (2009)[1] (Califórnia, EUA), apresenta em suas páginas uma visão claramente anglo-saxônica, no sentido de uma vertente pragmática e centrada em resultados. As filosofias da educação no Reino Unido, na Austrália, no Canadá e na Nova Zelândia também são bastante influenciadas pelo pragmatismo norte-americano. Na França e na Alemanha, na Espanha ou em Portugal, existem estruturas um pouco diferentes de se analisar os fundamentos filosóficos da educação, mais alicerçadas em um humanismo clássico. No Brasil, há igualmente diferenças ideológicas e metodológicas entre as diversas concepções filosóficas e educacionais, como veremos ao longo do texto.

Porém, o que nos marca ao estudar as concepções de filosofia da educação nos Estados Unidos e na maioria dos países de língua inglesa é a presença marcante do brasileiro Paulo Freire, considerado consensualmente como uma referência internacional na educação libertadora e formadora de consciência crítica.

Evidentemente, o mundo islâmico, a Índia, a China, o Japão e os demais países asiáticos possuem suas respectivas concepções de educação. A Índia tem desde a influência dos sistemas ortodoxos clássicos baseados nos *Vedas* (saber), um conjunto de textos datados aproximadamente de 1500 a.C., até a influência do budismo, fundado por Sidarta Gautama, o Buda (560-480 a.C.), e do jainismo, doutrina fundada por Mahavira (cerca de 500 a.C.).

A China teve, historicamente, a formação de seu pensamento

---

[1] Disponível em: <http://plato.stanford.edu/>.

iniciada pelo confucionismo, fundado por Confúcio (551-479 a.C.) e pelo taoismo, baseado no *Tao Te King*, atribuído a Lao Tse (entre os séculos 5-3 a.C.)

Os países islâmicos possuem uma influência direta do *Corão*, ditado pelo profeta Maomé (século 6 d.C.). A influência cultural do mundo árabe foi importante para o desenvolvimento intelectual do Ocidente cristão na Idade Média. A cultura islâmica conservou a adição da filosofia grega entre os anos 800 e 1200. Os antigos textos gregos foram traduzidos para o árabe e, através da Espanha sob domínio muçulmano, chegaram ao Ocidente cristão. A filosofia árabe é representada pelos filósofos Alfarabí (875-950), Avicena (Ibn Sina, 980-1037) e Averroés (aprox. 1126-1198). Por isso, a educação islâmica atual, apesar de se diferenciar pelos diversos países da África, da Ásia e do Oriente Médio, nos quais é predominante, possui uma forte base religiosa e filosófica, científica e artística, marcada por séculos de estudos sistemáticos e, ao longo da história, marcados por diversos níveis de contatos com o Extremo Oriente e com o Ocidente.

Para se ter uma ideia da riqueza cultural da Antiguidade, a seguir estão elencados os principais centros de difusão cultural do Oriente antigo:

De forma resumida, os centros culturais do antigo oriente foram:

Egito – Mitologia impregnada da visão da vida após a morte. Seu mundo de deuses e deusas contém as formas do henoteísmo (religião em que se cultua um só Deus, sem que se exclua a existência dos outros) e do monoteísmo (doutrina que admite a existência de um único Deus).

Mesopotâmia – Região entre os rios Tigre e Eufrates, foi berço dos impérios sumério, assírio e babilônio, que legaram textos sobre grandes epopeias e sobre a criação do mundo. O texto sobre o dilúvio sumeriano é anterior à descrição do dilúvio no Antigo Testamento (Gênesis: capítulos 6, 7 e 8).

Irã – Zaratustra (cerca de 560 a.C.) fundou uma religião monoteísta com um forte dualismo entre bem e mal.

Médio Oriente – Lugar de nascimento das três religiões monoteístas mais importantes do mundo: judaísmo, cristianismo e islamismo. Essas religiões veneram um único Deus criador e baseiam-se em escrituras reveladas através de profetas. Os judeus utilizam o Antigo Testamento; os cristãos, o Antigo e o Novo Testamento (Bíblia); e os muçulmanos, o *Corão*.

Fonte: Kunzmann; Burkard; Wiedmann, 1997, p. 15.

1.4 Por que a filosofia?

Por que usamos a filosofia para estudar e compreender a educação, a cultura, a ética, ou seja, a vida em geral? Por várias razões, dentre as quais estão as elencadas a seguir.

1.4.1 Porque podemos filosofar

Como pudemos perceber pelo que dissemos até aqui, à medida que o ser humano abandonou o nomadismo e fixou raízes, criando comunidades e tornando o convívio social uma interação complexa e rica, a capacidade de certos indivíduos de pensar mais profundamente sobre as coisas que o cercavam e as relações nas quais estavam enredados se desenvolveu. Com esses primeiros "pensadores", temos o gérmen da filosofia, o "amor pelo saber", a capacidade analítica e lógica de compreendermos o que nos cerca.

Pensando nisso, convidamos o leitor a promover as seguintes reflexões:

Você está lendo este texto, certo? Tome consciência do que está lendo.

» Pare, sinta o mundo ao seu redor; perceba a textura da cadeira ou da poltrona e se há ruídos ou odores no ambiente no qual está fazendo sua leitura.

» Você está só ou com pessoas em volta? Qual a temperatura ambiente? Está confortável?

» Você sente fome, algum tipo de dor, algum desconforto físico?

» Possui algum desconforto psicológico? Está preocupado com algo, ansioso, feliz ou chateado?

» Lembre algo de sua infância.

» O que você fez no último fim de semana ou feriado?

» Qual a melhor lembrança que vem à sua mente, assim, de repente? E a pior?

» Mudou seu humor depois desses pensamentos provocados pelo texto?

Essas pequenas reflexões servem de base para aprofundamentos filosóficos ou psicológicos. Foi assim que os antigos seres humanos começaram a refletir sobre suas vidas, sobre o mundo que os cercava, tentando relacionar suas vidas com o mundo, estabelecendo métodos de observação, articulando regras e leis, procurando entender melhor seu ambiente para garantir sua sobrevivência em um mundo perigoso, estranho e hostil.

A filosofia nem sempre pode dar respostas prontas, mas ela propõe uma reflexão. Como nessa citação de Giordano Bruno: "Como é possível que o universo seja infinito? Como é possível que o universo seja finito? Julgam que se pode demonstrar essa infinidade? Julgam que se pode demonstrar essa finidade? De que extensão falas? E tu de que limites falas?" (Bruno, 1998, p. 27).

1.4.2 Porque somos estranhos

Com base nas considerações feitas até agora, como podemos sentir a nossa história e nossas lembranças? Nós temos consciência de que somos seres humanos, em um momento histórico, em um lugar e com lembranças e expectativas de futuro.

Mas, o que é exatamente isso tudo? É a nossa consciência. Agora podemos perceber como somos estranhos?

Um antigo jesuíta, Telhard du Chardin, que estudou profundamente antropologia também fez a seguinte afirmação: "De um ponto de vista meramente positivista, o Homem é o mais misterioso e o mais desconcertante dos objetos com que a ciência se depara. E de fato, temos de confessá-lo, a ciência não lhe encontrou ainda um lugar nas suas representações do universo" (Telhard du Chardin, 1970, p. 167).

Você já teve alguma impressão estranha, naqueles sutis instantes, na sua cama, nos momentos que antecedem o sono, quando resvalamos imperceptivelmente do estado de vigília para a inconsciência? É uma sensação normal. São estados da consciência que se alternam. Se você nunca teve essa sensação, também não importa. No entanto, você certamente já sonhou coisas que o afetaram. Acordou à noite. Perdeu o sono. O que faz você acordar à noite, no silêncio e no escuro e perder o sono? Qual o seu medo mais profundo, aquele que você não assume nem para si mesmo?

O que é essa consciência que nos une por este texto? Por exemplo: o autor desta obra escreveu essas palavras em um determinado tempo e lugar e alguém irá lê-las em outro lugar e em outro tempo. Não podemos saber ao certo que tipo de consciência ou pensamento o texto pode originar no leitor, mas o escritor sabe que pensa e existe, porém essa percepção consciente pode escapar ao longo da existência.

> Mas essa impressão, que todos temos alguma vez, é, embora intensa, passageira, e não nos penetra até que se confunda com nossas vidas. Um dia, quando menos o esperamos, nos assalta, subitamente; durante uns minutos, as coisas conhecidas se mostram independentes de nós, inertes e remotas apesar de sua proximidade. [...] Essa ausência de sentido que, sem ser convocada, nos invade ao mesmo tempo que as coisas, nos impregna, rápida, de um gosto de irrealidade que os dias, com seu peso de sonolência, adelgaça, deixando-nos apenas um sabor, uma reminiscência vaga ou uma sombra de abjeção que turva um pouco nosso comércio com o mundo. (Saer, 2002, p. 152)

Juan José Saer é um escritor argentino que refletiu sobre a sensação de estranheza que acomete algumas pessoas. A estranheza ou a admiração perante o mundo podem servir de partida para reflexões filosóficas. Vários personagens, reais ou fictícios, passam por esse processo.

No filme *Batman – O cavaleiro das trevas* (Diretor: Cristopher Nolan, EUA, 2008), o ator Heath Ledger se imortalizou no papel do Coringa. As frases usadas pelo Coringa (**"bem-vindo a um mundo sem regras"**; **"você pode enfrentar o mal sem ser contaminado por ele?"**; **"eu sou o caos"**) tentam mostrar a antiga luta entre o bem e o mal, entre o cosmos e o caos, entre a ordem e a desordem. O Coringa é um louco, estranho, ocupado apenas em espalhar o caos na cidade, além de tentar provar que todas as pessoas podem ser "contaminadas" por esse mal. É justamente o contrário disso o que a filosofia clássica tentou fazer: colocar ordem no caos do universo; lançar luz na escuridão; ser um farol, uma direção no labirinto do mundo.

1.4.3 Porque nos admiramos com o mundo

A filosofia, segundo Platão e Aristóteles, começa com o assombro do ser humano perante o mundo. Aristóteles afirmou: "Pois o assombro, tanto no início como hoje, induz o homem a filosofar [...] Mas o que pergunta e se assombra tem uma sensação de ignorância [...] Assim que para escapar dessa ignorância começou a filosofar" (Magee, 1999).

Se começamos a filosofar desde a Grécia antiga, por que tantos pensadores, tais como Telhard du Chardin, entre outros tantos, dizem que continuamos misteriosos? Porque ainda desconhecemos uma imensidão de coisas sobre nós, sobre os outros, sobre o mundo e o universo. Nós sequer sabemos o tamanho e a forma exata do universo, se ele é múltiplo, infinito, finito, contínuo, pulsante, ou, ainda, se há mundos paralelos etc.

Os limites intelectuais da admiração e reflexão perante o mundo

A educação deve aguçar a curiosidade dos jovens e adultos, promover a criatividade e a sensação de que o conhecimento é infinito e pode ser degustado até o fim de nossas vidas sem jamais se esgotar. Mas talvez nunca saibamos de tudo. O fato de o conhecimento ser, hipoteticamente, infinito, não quer dizer que nossa capacidade intelectual de absorvê-lo também o seja. Os textos científicos muitas vezes mostram os limites do conhecimento humano. Na obra escrita por John Maddox, editor da revista *Nature*, intitulada *O que falta descobrir: explorando os segredos do universo, as origens da vida e o futuro da espécie humana* (1999), o autor explica o que ainda desconhecemos cientificamente sobre a matéria, a genética e a vida, sobre o universo e as possibilidades tecnológicas humanas. A filosofia também reconhece seus limites de reflexão e pensamento. As antigas perguntas – "Quem somos?", "De onde viemos e para onde vamos?", "Qual o significado e o sentido de nossas vidas? – não possuem uma única resposta dada pela filosofia ou pela ciência. A arte tenta representar esse desconhecido e as religiões tentam dar explicações, mas o mistério da vida e do ser humano permanece, o que não invalida o conhecimento, a pesquisa e a própria educação. Temos sempre que avançar em nossos princípios éticos, sociais e culturais. Faz parte do processo cultural e educacional, ou seja, civilizatório.

1.4.4 Porque somos racionais

Aprendemos muito desde que o ser humano surgiu na superfície da Terra. No início, ele vagou pelas estepes em busca de água, comida e proteção contra o clima e os predadores naturais. Posteriormente, desenvolveu civilizações e conviveu com muitas culturas diferentes das nossas. Graças a essa evolução social e a esse constante trânsito de culturas e saberes, nosso desenvolvimento intelectual se deu de forma exponencial, advento que nos possibilitou o desenvolvimento das religiões e das artes, da própria filosofia (que surgiu muito depois destas), a criação dos livros, da tecnologia da informação e das redes de computadores. Além disso, desenvolvemos remédios e aparatos sofisticados que nos curam ou eliminam dores; temos os robôs e máquinas que constroem, transportam, alteram o mundo de acordo com nossas vontades e necessidades.

E desenvolvemos algo mais, algo que esteve imbricado na criação de todas essas inovações — a razão, fator precioso para o pensamento ocidental, permeado pelo racionalismo filosófico e científico.

> Essa insistência na razão é uma das marcas registradas da filosofia. Ela distingue a filosofia, por exemplo, tanto da religião como das artes. Na religião, às vezes se recorre à razão, mas também a fé, a revelação, o ritual e a obediência têm papéis indispensáveis, e a razão pode nunca abarcar a pessoa por inteiro. O artista criativo, como o filósofo, está totalmente engajado numa atividade de busca da verdade, tentando ver abaixo da superfície das coisas e adquirir uma compreensão mais profunda da experiência humana. Mas ele recorre à percepção direta e à intuição em vez de ao argumento racional. (Magee, 1999, p. 8-9).

Existe também um tipo diferente de fronteira entre a filosofia e a ciência. O cientista investiga o mundo, a natureza e o ser humano; tenta fazer novas descobertas, organizá-las, descrevê-las e reproduzi-las. A ciência se sustenta na racionalidade, como a filosofia, mas a diferença fundamental entre as duas reside no empirismo, ou seja, a ciência se vale da observação direta, das experiências e da reprodução organizada dessas experiências. A filosofia se baseia na reflexão, uma investigação racional diferente do método científico.

Por exemplo: um professor de filosofia dá aulas nos diversos cursos de uma grande universidade. No primeiro dia de aula da disciplina *Introdução à filosofia*, para o primeiro ano do curso de veterinária, o professor ouve a pergunta fatal: "Mas para que a gente precisa estudar filosofia?". Impassível, ele responde: "Em primeiro lugar, para ajudar a diferenciar você de seus clientes".

1.4.5 Para viver melhor

Refletir e entender melhor a vida significa a possibilidade de vivê-la melhor. Aristóteles afirmava que a finalidade da filosofia é levar a pessoa à felicidade, através da reflexão e do pensamento direcionado a bons propósitos. "A vida é breve demais, preciosa demais, difícil demais, para que nos resignemos a vivê-la de qualquer jeito. É interessante demais para não nos darmos tempo de reflexão a seu respeito e debatê-la" (Comte-Sponville; Ferry, 1999, p. 5).

As concepções educacionais que promovem a liberdade individual, a responsabilidade social, assim como a possibilidade de fazer a própria história por meio de boas escolhas, buscam uma vida melhor para o indivíduo e para a comunidade como um todo.

Um dos livros de filosofia mais vendidos no Brasil nos últimos anos foi *Aprender a viver: filosofia para os novos tempos*, de Luc Ferry. Ele escreve para as pessoas contemporâneas, não ignorando toda a história e riqueza do conhecimento humano, desde os antigos gregos. Para Ferry,

> toda grande filosofia resume em pensamentos uma experiência fundamental da humanidade, como toda grande obra artística ou literária traduz as possibilidades das atitudes humanas nas formas mais sensíveis. O respeito pelo outro não exclui a escolha pessoal. Ao contrário, a meu ver, ele é a condição primeira. (Ferry, 2007, p. 300)

A filosofia pode ajudar pessoas e culturas diferentes a viver em sociedade, fazendo com que as políticas e processos educacionais levem em conta as diferenças, valorizem a alteridade e fortaleçam a democracia.

1.5 Do mito à filosofia

Antes da filosofia, havia os mitos e as religiões. Eram histórias dos seres humanos contadas através de gerações, no início pela tradição oral (mitos, diálogos, canções, ditados), posteriormente pelos textos (poesias, relatos, contos, provérbios); essas histórias consistiam em uma tentativa de o ser humano se relacionar com o mundo. Com seu mistério, "A beleza de uma história vem quase sempre de uma certa obscuridade" (Carriére, 2004, p. 21).

O mito, as religiões, a ciência e a filosofia não explicam totalmente o mundo, mas o conhecimento humano é cumulativo.

Conhecemos, hoje, mais do que nossos avós conheciam. Isso não quer dizer que sejamos mais sábios ou mais felizes. Tampouco quer dizer que somos mais ignorantes ou mais infelizes. Somos diferentes e temos mais acesso à informação e ao conhecimento.

É um paradoxo que, em uma época com tanto acesso à informação, ainda existam pessoas marginalizadas e excluídas (pessoas com necessidades especiais, pessoas com opções sexuais diferenciadas, pessoas de etnias ou culturas minoritárias etc.) O pior é que alguns indivíduos se excluem, ficam isolados e alheios – ou hostis – ao mundo e às mudanças. E há os excluídos pela força, aqueles que gostariam de viver no seio de uma sociedade, mas são impedidos por barreiras econômicas e políticas ou por preconceitos. São os pobres, migrantes, idosos ou crianças abandonadas. Cada pessoa deve ter a sua história e a escolha sobre sua própria história, mas o que elas buscam é uma vida considerada "normal". Mas o que é um ser humano normal?

Para uma reflexão mais profunda: você é normal?

Certa vez, o neurologista Oliver Sacks respondeu a uma pergunta que parecia uma banalidade:
"O que é um homem normal?".
Sacks respondeu que um homem normal talvez fosse aquele capaz de contar a sua própria história. De onde vem (sua origem,

seu passado, sua memória), onde está (sua identidade), para onde vai (seus projetos e a morte no fim). Esse ser humano se situa no movimento de um relato, ele é uma história e pode se narrar. (Carriére, 2004, p. 11-12).
As histórias são importantes e precisamos saber interpretá-las. A religião, a arte, a filosofia e a ciência também contam algumas histórias, mas com metodologias e objetivos diferentes entre si. E a filosofia não pretende descobrir todos os mistérios do mundo, ao contrário do que pensam algumas pessoas.

Antes da filosofia, os mitos e as religiões contavam histórias sobre o mundo e os humanos. Os mitos são as primeiras formas de especulação sobre o mundo e o universo, são narrativas de eventos que aconteceram antes da história escrita e do que está por vir.

Os mitos são histórias que unem o passado ao presente e ao futuro, são um padrão de crenças que dão significado à vida, que são um ingrediente essencial em todos os códigos de conduta moral e estão presentes em todas as culturas de todos os tempos. Os deuses e deusas permeavam a vida dos humanos, da natureza e do cosmos. O cosmos era a demonstração da ordem obtida pelas divindades em oposição ao caos primordial. O poeta grego Hesíodo, no século VIII a.C., escreveu a *Teogonia*, uma obra que traça a genealogia das divindades, organizando-as em um cosmos literário precioso, conservado até hoje. A mitologia grega marcou o imaginário do Ocidente, desde o antigo império romano até os nossos dias. As outras mitologias (asteca, escandinava, chinesa, hindu, de várias tribos da África, da Ásia e das Américas) posteriormente foram agregadas às culturas em vários lugares do mundo, mas os mitos greco-romanos são marcantes no Ocidente.

As religiões possuem uma vertente específica que não será analisada neste texto. O importante é saber que **há uma passagem do mito para a religião**, especialmente no que se refere ao monoteísmo judaico, cristão e islâmico. As religiões politeístas, como as religiões agrícolas primitivas, o hinduísmo, as manifestações xamânicas de diversos povos indígenas, o xintoísmo e outras, surgiram e se desenvolveram pelo mundo, algumas desenvolvendo suas próprias teorias e práticas peculiares. De acordo com Eliade (1993, p. 7), "Todas as definições do fenômeno religioso mostram uma característica comum: à sua maneira, cada uma delas opõe o sagrado e a vida religiosa ao profano e à vida secular".

O **sagrado** e o **profano** são, portanto, espaços concernentes ao fenômeno religioso. Outra passagem fundamental é a da **mitologia para a filosofia**. Os primeiros filósofos fizeram duas grandes rupturas com o passado:

1. Tentaram entender o mundo com o uso da razão, sem recorrer à religião, à revelação ou à tradição, saindo do sagrado e da vida consagrada aos deuses.
2. Ao mesmo tempo, eles ensinavam às outras pessoas a também usarem a própria razão e a pensarem por si mesmas. Dessa forma, os primeiros filósofos não esperavam que os próprios discípulos necessariamente concordassem nem mesmo com seus mestres.

Essas duas rupturas revolucionárias marcam o início do que hoje se denomina *pensamento racional*. Tinha início o longo caminho da construção do pensamento humano – mais livre e aberto, em busca do conhecimento, talvez da sabedoria. *Filosofia* é uma palavra que provém de sua origem grega e se refere ao pensamento elaborado de maneira racional e fundamentado em premissas estruturadas em modelos teóricos baseados na observação e reflexão da realidade. Não é tecnicamente correto falar de *filosofia oriental*, mas sim de *pensamento oriental*. A filosofia propriamente dita é grega (ocidental), islâmica ou judaica. Seu surgimento na Grécia antiga não é aleatório, mas fruto de condições materiais (históricas e econômicas) específicas.

Figura 2 – Região do Mediterrâneo no séc. V a.C.: principais cidades-estado gregas

A filosofia nasce na Grécia antiga (região do Mediterrâneo), em determinado contexto geográfico e histórico, fruto do encontro de várias culturas e civilizações.

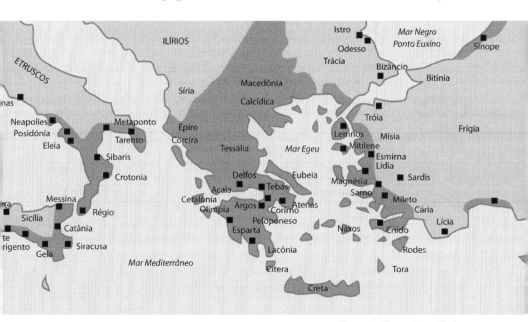

Ilustração: Renan Itsuo Moriya.

Durante o século VII a.C., as novas condições de vida nas colônias gregas da Ásia Menor acentuam-se devido à revolução econômica representada pela adoção do regime monetário. A moeda, facilitando as trocas, vem fortalecer econômica e socialmente aqueles que vivem do comércio, da navegação e do artesanato, marcando definitivamente a decadência da organização social baseada na aristocracia do sangue. A expansão das técnicas – já desvinculadas da primitiva concepção que lhes atribuía origem divina – passa a oferecer aos homens imagens explicativas dotadas de alta dose de racionalidade, conduzindo à progressiva rejeição e à substituição da visão mítica da realidade. Natural, portanto, que ali ocorressem as primeiras manifestações de um pensamento dotado de tamanha exigência de compreensão racional que, depois de produzir as epopeias homéricas (entre o século X e o VIII a.C.), eclodiu, no século VI a.C., sob a forma de ciência teórica e filosofia.

Fonte: História das grandes ideias do mundo ocidental, 1972.

1.6 E o que é filosofia?

Filosofia é uma palavra grega que significa "amor à *sophia*", termo que pode ser entendido ao mesmo tempo por *sabedoria* e por *ciência*. Pitágoras de Samos, filho de Mnesarco, foi o primeiro a usar o termo *filosofia*. E o que é sabedoria? É o máximo de felicidade no máximo de lucidez. Algo que ajuda a dar sentido à vida.

O *Dicionário Oxford de filosofia* (1997) é preciso: a palavra *filosofia* vem do grego, "amor ao conhecimento ou à sabedoria". Trata-se do estudo das características mais gerais e abstratas do mundo e das categorias com que pensamos: mente, matéria, razão, demonstração, verdade etc. Em filosofia, são os próprios conceitos através dos quais compreendemos o mundo que se tornam tópico de investigação.

Leia esta descrição do início da filosofia:

> Como a filosofia nasceu? Se a filosofia se define como um empreendimento racional, ainda assim é necessário dizer contra o que a razão nascente se manifestou. Como dizem Platão e Aristóteles, a filosofia é filha de Taumas: estupefação. Admiração e inquietação são os sentimentos primeiros ante a grandeza do mundo, a beleza do céu, as forças dos elementos e a brevidade da vida. Mas Taumas tem uma filha, Íris, a mensageira dos deuses, portadora de uma echarpe com as sete cores do arco-íris, que os estoicos sabem simbolizar as sete vogais, os sons, do alfabeto grego. Assim, passa-se da luz à palavra, como dirá Fílon de Alexandria. A palavra, logos, é a razão que articula em um discurso coerente a primeira admiração quase religiosa, para formulá-la em termos de interrogação profana. Assim nascem os tipos racionais de questionamento, quando o entendimento transforma em interrogação filosófica e já científica a emoção que se apodera do homem grego diante do espetáculo do mundo. (Dumont, 2004, p. 25-26)

O início da filosofia se fez pela observação da natureza (com os pré-socráticos e os sofistas, por exemplo), mas a filosofia se desenvolveu plenamente quando se voltou para o ser humano. Sócrates (que não deixou nada escrito) e seu discípulo, Platão, analisaram o Homem. Antigamente, escrevia-se assim homem com H maiúsculo. Hoje, o mais correto é o termo *ser humano*, pois a Mulher (com M maiúsculo) faz parte da raça humana e conquistou um lugar de igualdade nas sociedades contemporâneas bem desenvolvidas e bem resolvidas.

Como animal, o ser humano é único, insubstituível, superior a tudo o que se pode conhecer, como uma obra-prima da natureza, um formidável êxito do acaso, da vida, da evolução, decerto, mas também da história, da cultura. Em outras palavras, de si mesmo. Essa é a sua grandeza. Mas ele não é imortal ou onipotente, não criou o mundo nem a si mesmo, não conhece nem o princípio nem o fim das coisas e está longe de ser infinitamente bom. Mesmo no mais alto trono do mundo, dizia Montaigne, estamos sentados sobre nossas nádegas.

O que é o homem? É o único animal a saber que não é Deus. (Comte-Sponville; Ferry, 1999, p. 144-145)

Entre seus limites e mortalidade, o homem busca algo mais – a sabedoria, desejo antigo no imaginário humano. O bem mais precioso daqueles que se pensam sábios. Como nessa história que nos conta Carriére (2004, p. 139):

> Um pescador encontra uma garrafa na água e ao abri-la encontra um gênio que lhe fala:
> — Formule três desejos e eu os realizarei. Qual é o seu primeiro desejo?
> Eis o desejo – disse o pescador. – Gostaria que me tornasse inteligente o bastante para que faça uma escolha perfeita para os dois desejos restantes.
> — Concedido – disse o gênio. – E agora, quais são seus outros desejos?

O pescador refletiu por um instante e respondeu:
— Obrigado. Não tenho outros desejos.

A religião, o mito, a ciência e a filosofia não vivem de forma compartimentada e completamente isolada entre si. O conhecimento humano é vasto e deuses, leis da física, política, desejos e vontades se mesclam ao longo da história. E a filosofia avança na tentativa de organização e classificação do mundo.

1.7 E o que temos a ver com isso?

O mundo, para nós, continua vasto e complexo. Por mais que tenhamos evoluído na ciência e na tecnologia, no conhecimento do ser humano, das outras culturas, da natureza e do universo, ainda somos meras partículas conscientes, vivendo na superfície de uma ínfima poeira cósmica, na periferia de uma galáxia, no meio de um universo com bilhões de anos-luz de diâmetro. E isso é o que podemos deduzir das observações atuais com telescópios computadorizados lançados no espaço. Certamente, nossa visão sobre o universo, no ano 2059, por exemplo, será bem diferente, assim como nossas percepções sobre o mundo. Isso sem falar sobre o que estará acontecendo em 2109, ou em 3009.

Pensando nisso, o que você, estudante ou profissional ligado às sociedades da experiência, do prazer, da informação, do espetáculo, pós-industriais ou de qualquer uma das nossas configurações atuais, tem a ver com a filosofia?

Como os educadores, formadores de jovens, orientadores ou administradores educacionais podem ajudar a preparar pessoas (jovens ou adultos) para um mundo cada vez mais dinâmico, mutável e competitivo?

Você pensa que todos os problemas do mundo serão resolvidos, um dia, pela ciência ou pela filosofia?

Façamos uma lista de algumas inquietações gerais que provocam os cientistas e pensadores:

1. As culturas ao redor do mundo possuem uma dupla articulação: em nível local e global. Essas culturas se comunicam entre si, gerando admiração, parceria, colaboração, rivalidade, ódio e conflito. Como entender e trabalhar com essa riqueza cultural humana?
2. A linguagem – além das línguas faladas pelo mundo, temos a linguagem binária da informática. Será possível um dia nos comunicarmos com uma máquina como o fazemos com um ser humano?
3. Como escrever um programa antivírus absolutamente eficaz e universal para garantir mais segurança na informática?
4. Como viabilizar propulsores espaciais e naves que viagem à velocidade da luz ou além dela?
5. Como controlar a fusão nuclear, possibilitando a utilização da energia liberada?
6. Como evitar a percepção de fugacidade temporal no ser humano?
7. Há vida inteligente em outros sistemas estelares no universo?

Muitas dessas questões são científicas, mas com consequências filosóficas.

"Essas questões não influenciam o meu cotidiano", alguém poderá dizer. Afinal, que importância há se existem extraterrestres a milhões de anos-luz, no outro lado da galáxia ou se, no futuro, poderemos porventura discutir filosofia com nosso liquidificador computadorizado?

Trata-se de um grave engano pensar que tais questões não possuem relevância alguma. Algumas dessas interrogações nos influenciam mais que outras. Os problemas culturais, informáticos e energéticos têm mais a ver conosco do que a dúvida sobre o tamanho ou a forma do universo, por suposto. Mas basta a mente humana estar alimentada por uma quantidade maior de paz, álcool ou outras substâncias delirantes para, em uma noite estrelada, na escuridão de uma praia ou montanha isolada, olhar o céu estrelado e se perder em divagações abissais. As mesmas estrelas e dúvidas que maravilharam os antigos egípcios, babilônios e gregos, hoje maravilham nossos olhos e, mais ainda, os astronautas em órbita sobre nosso planeta na Estação Espacial Internacional. Logo maravilharão os olhares dos turistas espaciais nos voos suborbitais comerciais, a cerca de 110 quilômetros de altura. Entendeu como a filosofia pode nos ajudar na interpretação e construção do mundo? E tudo isso tem a ver com a sua vida, com o seu trabalho, com o seu ambiente.

Para tornar nossa reflexão filosófica mais palpável, pensemos em cinco tópicos:
Cultura, ética, educação, prazer e política.

Vamos a alguns exemplos mais detalhados:

1. **Cultura**: Você gosta de arte? A literatura é uma das artes, assim como a escultura, a pintura, a dança, a música, o teatro, o *web-design*, a arquitetura, o cinema etc. Ler é um caminho possível para desenvolver a mente, conhecer o mundo e dominar parte do conhecimento humano. Você lê em um jornal popular a manchete *Bonequinha de luxo*, provavelmente referente a uma fofoca envolvendo alguém que aspira a celebridade. Daí você sabe que *bonequinha de luxo* é o nome em português do livro *Breakfast at Tyffany's*, de Truman Capote. O livro foi publicado em 1950 e se tornou célebre por sua versão cinematográfica (1961), estrelada por Audrey Hepburn. Capote é um escritor norte-americano famoso por sua obra clássica intitulada *A sangue frio* (1966). Um filme foi feito sobre esse livro: *Capote* (2005), filme pelo qual o ator norte-americano Philip Seymour Hoffman ganhou o Oscar de Melhor Ator pela sua interpretação de Capote, que era um gênio literário polêmico e complexo. Isso é cultura. Faz diferença nas nossas vidas? Depende dos lugares que frequentamos ou desejamos frequentar. Saber um pouco além das aparências mundanas faz parte do estilo de vida de um profissional da área de serviços. Artes, política, economia, cultura, esportes são conteúdos valiosos no mundo corporativo e profissional. A filosofia e uma educação primorosa ajudam a entender esse vasto cipoal cultural contemporâneo.

2. **Ética**: Você acompanha os escândalos financeiros globais, os escândalos políticos no Brasil, as denúncias de corrupção nos governos e em empresas privadas, o narcotráfico, a lavagem de dinheiro e o envolvimento da polícia e de setores dos poderes Judiciário, Executivo e Legislativo com o crime organizado? Observou como a ganância, a irresponsabilidade e a temeridade empresarial causaram a imensa crise financeira global em 2008, que se estendeu por 2009? Essas questões se referem ao campo da ética. O que é razoável em termos de comportamento individual e responsabilidade coletiva? Aristóteles (384-322 a.C.) pensou sobre essa problemática e escreveu *Ética a Nicômaco*, um texto que conserva sua lucidez ainda nos dias atuais. Para Aristóteles, a ética antecedia à política e essa vertente filosófica abrange ainda os valores (axiologia, ou teoria dos valores) e a moral.
3. **Educação**: Um carro de luxo passa e a elegante motorista joga pela janela um maço de cigarros e os passantes pensam: "que falta de educação"; executivos de bancos fazem cursos de atualização financeira sob o nome de "educação corporativa"; instituições organizam cursos de "educação a distância" em vários campos do conhecimento; pessoas "educadas" assim são denominadas quando sabem se comportar em sociedade e no mundo profissional; "educação ambiental" ou "educação sexual" se tornaram comuns nas sociedades atuais e exigem pessoas capacitadas para atuar como professores ou monitores. Todos esses tipos de "educação" fazem parte da sociedade, sem contar a educação

formal proporcionada pelas escolas, pelas instituições de ensino superior, pelos museus, pelos hospitais, pelas empresas educacionais e culturais.

4. **Prazer**: Você gosta de leite? Já pensou em quantos derivados esse produto se transforma? Manteigas, cremes, leite em pó, *ghee* (manteiga indiana), iogurtes, leite condensado, leite longa-vida e queijos. Quantos tipos de queijo existem? Dezenas: frescos, macios, semiduros, duros, defumados e *blue*. Cada uma dessas categorias se divide em outras, variando de acordo com regiões geográficas, climas, época do ano, culturas etc. O mesmo vale para o café, o tabaco, os vinhos, os chás, as bebidas destiladas, as cervejas, as especiarias em geral. A gastronomia depende de estudos culturais profundos e muitas vezes a origem de alguns alimentos (cereais, por exemplo) está ligada a rituais religiosos ou de profundo significado social.

5. **Política**: A sequência de ataques terroristas provocados pelos extremistas islâmicos afetou o fluxo internacional de viajantes, eventos e relações internacionais. Você sabe exatamente as razões históricas e culturais que formaram a atual configuração de forças e disputas no Oriente Médio? Esse é um problema político e cultural que pode ser aprofundado pela filosofia política e pela antropologia filosófica.

Educação, cultura, ética, política e prazer. Onde está o prazer nisso tudo? No conhecimento. O amor ao conhecimento ou à sabedoria pode ser prazeroso.

1.8 A filosofia e nossas vidas: Sartre

Um grande problema filosófico, segundo alguns pensadores, é a morte. Então, por que o tema dessa seção é "a filosofia e nossas vidas" e o seu texto começa a falar de morte? Porque a morte é algo que nos é dado. Não temos escolha sobre isso, assim como não tivemos escolha sobre nascer ou não. Nascemos um dia e um dia morreremos.

Um filósofo crucial nessa questão é Jean-Paul Sartre (1905-1980). Mas, para ele, não é a morte o mais importante, é a liberdade, pois o homem passa sua vida livre, em perpétua instância de liberdade. O homem tem suas coisas, seu próximo e a sua morte. A morte é o término da vida humana. E a morte é absurda. Somos como condenados à morte, preparando-nos para os últimos instantes e tentando fazer um bom papel no hipotético tempo que nos resta. "A morte é um puro fato, como o nascimento; nos vem de fora e nos transforma de fora. No fundo, não se distingue de modo algum do nascimento, e a esta identidade de nascimento e morte denominamos faticidade" (Sartre, 1997, p. 666). Se a morte é um absurdo, e não se distingue do nascimento como fato, o nascimento também é absurdo. E se a vida é a existência compreendida entre o nascimento e a morte, dois fatos absurdos, ela também é absurda. Mas não devemos nos desesperar, pois Sartre reservou um lugar em sua obra para o humanismo e para a liberdade, o grande trunfo humano e razão de nossas escolhas. A vida pode ser absurda, mas merece ser vivida. Algo do tipo "se a vida te deu limões, faça uma limonada". Mas temos que escolher. Como essas escolhas são finitas, temos que pensar bem antes de escolher.

A morte é diferente da finitude. A realidade humana seguiria sendo finita, limitada, ainda que fosse imortal, porque, ao se materializar no homem, faz-se finita. A companheira de Sartre, Simone de Beauvoir, escreveu um romance fantástico sobre esse assunto, com o título *Todos os homens são mortais*. Nesse romance, o personagem, Conde Fosca, vive desde o século XIII graças a um elixir de imortalidade e tenta, no decorrer de sua longa e imortal existência, realizar inúmeros projetos e atividades: levar sua aldeia (Carmona, na Itália) à supremacia entre as cidades italianas; projetar cuidadosamente o futuro de seu filho ou de suas mulheres; estruturar o plano de colonização da América espanhola, sendo assessor dos reis da época. E fracassa em todos os planos. Ele, e um ratinho que serviu de experiência para o elixir da imortalidade, são anômalos e únicos.

Sua angústia é similar à dos vampiros de Anne Rice, representados no filme *Entrevista com o vampiro* (1994) e do herói do filme *Highlander* (1986). Os vampiros se entediam com a longevidade de sua vida anormal. O herói de *Highlander*, assim como Conde Fosca, frustra-se com a impossibilidade do amor – suas mulheres, filhos e amigos envelhecem e morrem, enquanto ele continua com a mesma idade. Desencantado com seu prêmio, na verdade uma maldição, o Conde Fosca, por sua vez, tenta o suicídio, mas seu corpo sempre se regenera. Então passa a viver à margem dos dias e das estações que se repetem indiferentes aos homens que passam efêmeros como as flores de um dia dos desertos. Não dorme porque tem pesadelos. "Sonho que não há mais homens. Todos estão mortos. A terra é branca. Ainda há a lua no céu e ela ilumina uma terra toda branca. Estou só, com o camundongo" (Beauvoir, 1983, p. 392).

O homem é mais do que mortal. É impotente na grande

extensão de sua existência. É limitado, finito. Ser finito é projetar-se em apenas *uma* possibilidade de ser, excluindo todas as outras possíveis. Se trabalhamos em Florianópolis, não moramos em todas as outras cidades do Brasil e do mundo. Se vivemos no Brasil, excluímos os outros países. Se somos enfermeiros ou comissários de bordo, não somos cozinheiros profissionais ou salva-vidas. O ato mesmo da liberdade é a criação da finitude. Se fazemos a nós mesmos, fazemo-nos finitos e, por esse fato, as nossas vidas serão únicas. Portanto, as escolhas para nossas vidas precisam ser bem pensadas, ponderadas e assumidas com coragem. Podemos escolher entre *n* possibilidades, mas ainda assim escolhemos. A não escolha já é uma escolha por inércia, por covardia ou impotência. Poderíamos ser filósofos ou médicos, vivermos em muitas cidades, casarmo-nos com inúmeras pessoas. Mas temos **uma** atividade profissional (podemos ter duas ou mais, mas as exerçemos **uma** de cada vez), moramos em **uma** cidade, vivemos com **uma** pessoa com a qual nos relacionamos. Podemos mudar de opções quantas vezes quisermos ou pudermos, mas só poderemos operar uma mudança de cada vez.

Mas o homem, justamente por estar "condenado a ser livre", leva sobre si o peso do mundo, a responsabilidade por si mesmo e pelos outros. Não é porque a vida é absurda, para Sartre, que o niilismo (teoria em que se promove o estado em que não se acredita em nada, ou de não se ter comprometimentos ou objetivos) é aceitável. Não existe uma irresponsabilidade absoluta, pois, se somos livres, temos de que garantir as condições plenas de liberdade também para o outro. Aí entra a responsabilidade social e a ação. Só resta a ação e a liberdade. A necessidade de fazermos algo, mesmo com os limites, mesmo com a interferência controlável dos outros.

Mas a vida de cada um deve ser gerida livremente. Esse é um dos temas mais preciosos para Sartre: a liberdade humana, tão discutida e embasada no seu livro teórico *O ser e o nada* e em vários romances e peças de teatro escritas pelo filósofo. Sartre foi um filósofo que trabalhou sua teoria através de textos filosóficos "puros" e através da arte, ou seja, da literatura e do teatro.

Quando comentamos a nossa vida profissional ou as opções para nossa vida em geral, precisamos levar em consideração esses conceitos. Somos livres e responsáveis por essa liberdade. Essa é uma proposição muitas vezes usada para tolher nossas opções: **liberdade com responsabilidade** significa "liberdade individual e responsabilidade individual e social". Isso significa que quem deve fazer a opção somos nós. Cada vez que não escolhemos livremente e colocamos a culpa nos outros, caímos na **má-fé**, ou seja, mentimos para nós mesmos. Má-fé é a condição de vida na qual afastamos nosso olhar dos fatos, opções ou escolhas que, de algum modo, sabemos estar presentes. Exemplos de má-fé:

» Não cursei moda porque meus pais queriam que eu fosse contador, como eles.
» Não fui trabalhar na Califórnia porque minha avó materna estava doente e não sabia quanto tempo ela viveria.
» Tive que aceitar as condições de trabalho desgastantes porque devia favores ao meu chefe.
» Acabei casando porque não tive coragem de falar, na última hora, que não queria mais ficar com aquela pessoa, tão meiga e inocente, mas que me consome a paciência.
» Ela (ele) sempre acaba me obrigando a fazer o que não

quero porque tem um poder de persuasão imenso.
» Acabei não indo ao cinema e fui com eles ao teatro (assistir a uma peça que eu detesto) para não provocar um mal-estar no meu grupo de amigos.
» Eu não concordo com nada do que vocês dizem, mas vou me calar para não ser o único "do contra".

Claro que o processo de escolha não é tão fácil e causa angústia. A consciência de alguém ter o seu próprio futuro permeado pelo modo de não sê-lo, ou seja, no nada, causa uma angústia profunda. O exemplo que Sartre nos dá é o de uma pessoa que sobe um caminho estreito, sem parapeito, ao longo de uma trilha montanhosa. A possibilidade de ela se precipitar no abismo que se abre ao lado de seus pés é inerente ao fato de ela existir. Aqui temos o medo e a angústia. O defrontar-se perante a aniquilação do ser. A morte.

Há dois tipos de angústia: uma perante o passado e outra perante o futuro. Ambos (passado e futuro) são permeados por uma liberdade estonteante em relação ao que poderia ter sido feito de forma diferente no passado que já se foi – e, portanto, está "fechado", determinado – e a possibilidade de se fazer qualquer coisa no futuro que está por vir. A consciência específica dessa liberdade humana é a angústia. A angústia é a captação, através da reflexão, da liberdade que existe por ela mesma. Podemos até fugir para ignorar essa condenação de que a filosofia de Sartre nos faz ao vivermos a liberdade, mas não podemos ignorar que estamos fugindo. Não há possibilidades de escaparmos com subterfúgios dessa opção, que, por sua vez, remete-nos a uma abertura de possibilidades de vida futura.

Podemos nesse momento perceber como a consciência da

morte, do nada, gera angústia e nos leva à liberdade. Mas sem medo ou má-fé. Para vivermos a liberdade, precisamos coragem de sermos livres, precisamos dominar o medo e a angústia. Esses tópicos são fundamentais em uma filosofia da educação, pois o ensino deve levar as pessoas à livre escolha, de preferência uma boa escolha.

Toda a boa escolha, por sua vez, é feita por aquele que já atingiu um nível razoável de sabedoria. No entanto, a aquisição da sabedoria se dá por caminhos muitas vezes não tão simples de trilharmos. Uma pequena história ilustra muito bem essa afirmação: um jovem monge perguntou a um sábio instalado em seu mosteiro o que era necessário para se adquirir sabedoria. O sábio respondeu que as boas escolhas levam o indivíduo a uma vida sábia. O jovem monge, não satisfeito com a resposta, perguntou como deveria proceder para discernir as boas experiências das más. O sábio lhe retorquiu afirmando que a experiência era necessária para se adquirir tal habilidade. O jovem questionador, por sua vez, fez ainda mais uma pergunta: "E como adquiro experiência?". No que o sábio lhe respondeu, jocosamente: "Más escolhas".

Essa história é uma simplificação de um processo bastante longo e delicado. Afinal, a pessoas têm de sobreviver às suas más escolhas para atingir a sabedoria. O ideal seria aprendermos com os erros dos outros, evitarmos aquilo que é pernicioso à nossa vida, fazermos com que a experiência e a cultura nos façam melhores e mais felizes com o mínimo de problemas. Mas o ser humano não é tão lógico e óbvio assim. Por isso a educação é sempre um desafio.

Há um livro muito instigante, do filósofo Paul Tillich (1886-1965): *A coragem de ser*. Nessa obra, Tillich afirma que "a coragem de ser é o ato ético no qual o homem afirma seu próprio ser a despeito daqueles elementos de sua existência que entram em conflito com sua autoafirmação essencial" (Tillich, 1967, p. 3).

Tillich era um teólogo protestante e filósofo existencialista cristão. Sartre era um existencialista que não acreditava em Deus. Tillich, assim como Sören Kierkegaard, era um existencialista que permeou sua filosofia com a teologia cristã. Mas seus textos separavam a filosofia da teologia; portanto, continuaremos nos caminhos filosóficos.

Tillich faz uma distinção entre o medo e a ansiedade. O medo tem objeto definido, que pode ser analisado, atacado, enfrentado, tolerado. A coragem pode enfrentar cada objeto do medo porque é um objeto. Porém, o mesmo não acontece com a ansiedade, porque esta não possui objeto, ou melhor, em uma frase paradoxal, seu objeto é a negação de todo objeto. Não há um objeto concreto a não ser a própria ameaça, mas não a fonte da ameaça, porque essa fonte é o "nada". Ansiedade é o estado no qual o ser está consciente da possibilidade do não ser, portanto, da morte. Medo e ansiedade são distintos, mas não separados. Medo é estar assustado com algo – com uma dor, com a rejeição de uma pessoa ou grupo, com a perda de algo ou alguém, com o momento de morrer. A ansiedade tem algo a ver com a angústia existencial de Sartre e isso é fruto de nossos limites, nossos medos, nossas dificuldades de escolha. Mas temos que viver e optar. Não podemos nos aniquilar perante a existência.

> Coragem é a autoafirmação do ser a despeito do fato do não ser. É o ato do eu individual em tomar a ansiedade do não ser sobre si, afirmando-se, ou como parte do todo global, ou em sua condição de eu individual. Coragem sempre inclui um risco, está sempre ameaçada pelo não ser, seja o risco de perdermo-nos e tornarmo-nos uma coisa dentro do todo de coisas, ou seja, o de perdermos nosso mundo numa autorrelação vazia. (Tillich, 1967, p. 113)

Lembro de uma viagem à Antártica, em janeiro de 1999. O navio saiu do Rio de Janeiro e fez uma parada em Buenos Aires. Eu era o único brasileiro a bordo, entre 800 passageiros. Na Antártica, fiquei sabendo que um outro brasileiro havia embarcado em Buenos Aires, mas desembarcou nas Ilhas Malvinas. Ele estava com medo de atravessar o tempestuoso estreito de Drake. De Porto Stanley (ou Porto Argentino), no Extremo Sul, teve que embarcar para Londres e de lá para São Paulo. Por causa do medo? Provavelmente sim, mas também pela ansiedade perante o desconhecido. Gastou muito dinheiro para voltar ao Brasil e perdeu a oportunidade de conhecer um dos continentes mais selvagens, áridos e belos da Terra, por falta de coragem básica.

Não é fácil se jogar no desconhecido confiando em possibilidades, por mais objetivas e concretas que sejam. Quando tinha 20 anos de idade, saltei de paraquedas. Quando li Sartre pela primeira vez, entendi o que ele queria dizer com a angústia perante a possibilidade do não ser. Saltar de 3 mil metros de um avião, no espaço, significa confiar em quem dobrou o paraquedas, no próprio instrumento, nas instruções do monitor e o mais importante, em si mesmo.

Mas nos dois casos eu tinha uma opção — de ir para a Antártica ou não; de saltar ou não. E quando não há essa opção? Imagine que você está em um avião e que ele sofre uma pane qualquer, forçando o piloto a fazer uma aterrisagem de emergência. Você não é piloto, não pode saltar, não pode escolher nada, a não ser esperar que a aterrisagem seja bem-sucedida. Pode curtir seu medo e sua angústia, mas não adianta berrar, descontrolar-se, piorar uma situação que já está ruim. É preciso ficar quieto, seguir as instruções, torcer ou rezar.

A essas situações em que nos confrontamos com o perigo de morte, com a possibilidade do não ser, Sartre as chama de *situações limite*. As pessoas que estavam no topo do World Trade Center, em 11 de setembro de 2001, em Nova Iorque (EUA), sem condições de descer pelas escadas destruídas pelo impacto do avião que colidiu contra o prédio, sabiam que os helicópteros não conseguiriam se aproximar do topo por causa da fumaça e do calor e que, portanto, iriam morrer. Ainda tinham escolhas: saltar, esperar o fogo e a fumaça asfixiá-los ou esperar o colapso das torres. Era uma situação limite na qual o final seria a morte. Quem estava a bordo do Airbus da TAM que não parou na pista do aeroporto de Congonhas e explodiu (julho de 2007) pode ter sentido isso. Foram apenas 20 segundos, mas foi o suficiente para que quem estivesse nas janelas, prestando atenção nos procedimentos de pouso, percebesse que algo estava errado e que o final da história seria trágico, ou seja, uma situação limite. Quem sobreviveu a uma doença grave, a um assalto violento, a um acidente de automóvel ou de avião, passou por esse tipo de situação. Às vezes não há escolha, às vezes há. Se alguém dirige embriagado, sabe que possui maiores chances de sofrer um acidente. Se um motorista para o carro desnecessariamente no sinal vermelho, às duas da manhã, em uma rua deserta na periferia de uma grande cidade brasileira, e é assaltado, parte da responsabilidade é dele, pois foi sua escolha fazê-lo. Mas quem dormia tranquilamente em sua poltrona a bordo do avião da GOL, que caiu matando a todos, abalroado por um jato executivo em pleno ar, (setembro de 2006), não teve escolha a não ser de embarcar no avião, um procedimento dos mais seguros segundo todas as estatísticas. Menos, é claro, no início de uma crise aérea no Brasil, que não era de conhecimento público. Isso é estar no lugar errado, na hora errada; azar, simplesmente.

Esses casos nos permitem discernir a diferença entre a escolha e a ação aleatória. Mas como passar esse conhecimento para as outras pessoas?

Só a experiência pode garantir esse aprendizado? Uma boa leitura, uma aula ou um filme podem ensinar algo nesse sentido?

Como refletir sobre a liberdade e sua influência no processo educacional?

Esses são alguns dos desafios da educação.

1.9 A filosofia e a escolha de nossos caminhos

Esse é um outro desafio imenso para os educadores. Como a filosofia pode ajudar em um processo educacional no que se refere à escolha?

A filosofia é importante para que entendamos como refletir melhor sobre nossas vidas, o que implica organizarmos, selecionarmos e assumirmos nossas escolhas. O senso comum, incentivado pela mídia e pela banalização do conhecimento, espera algo fácil e seguro para orientar suas próprias escolhas. Vários podem ser os elementos utilizados na busca de algo que nos ampare no momento de escolhermos, de decidirmos o rumo de nossas existências – uma psicanálise rápida; a crença em pensamento positivo, em Deus, anjos, espíritos, extraterrestres amigos, duendes, fadas, elfos, ninfas, salamandras, demônios; em energias do planeta de algum lugar; em magia, anéis, bússolas, espadas, universos paralelos, enfim, em todo um conjunto de crenças que extrapolaram os limites das religiões estabelecidas para se tornarem um universo à margem da razão.

A filosofia não nega – tampouco fundamenta ou defende – a religião. São campos diferentes, assim como a ciência. O problema não é crer em algo que depende de nossa fé, como é o caso das religiões. O problema é quando o crente entende que todos precisam seguir sua fé ou coloca a responsabilidade de sua vida sobre as hipotéticas costas de "alguém" ou "algo" superior, mágico e infalível.

É mais fácil ler um manual barato de misticismo do que ler a *Bíblia*, o *Corão* ou os *Vedas*. Mais cômodo assistirmos um DVD sobre "energias do mundo" do que lermos textos místicos de autores católicos consagrados (Clemente de Alexandria, Santo Agostinho, Basílio Magno, Santa Teresa D´Ávila) ou pensadores influentes em seu tempo, tais como Goethe (um dos mais importantes pensadores alemães), John Milton (poeta inglês do século XVII, autor de *O paraíso perdido*), T. S. Eliot (poeta e prêmio Nobel de literatura em 1948), Gershon Scholem (escritor que versa sobre a mística judaica), ou ainda, Mircea Eliade e Sir James George Frazer (autores clássicos que estudaram mitologia).

Mas voltemos aos nossos caminhos. É a capacidade de escolher que caracteriza o ser humano. Para escolhermos, é preciso termos **liberdade**, **conhecimento** e **coragem**. Escolha ou opção é o processo pelo qual uma possibilidade, preferentemente às outras, é assumida ou realizada. Esse conceito de escolha está vinculado estritamente ao conceito de possibilidade, pois **não podemos escolher coisas impossíveis**, como, por exemplo, nos mudarmos para a galáxia de Andrômeda, no ano que vem; voltarmos no tempo para jantar com Cleópatra no antigo Egito; anularmos as decisões que fizeram nosso time cair para a terceira divisão; sabermos os números que vão dar na Mega-Sena; ganhar um prêmio Nobel sem esforço.

Não há escolha onde não há possibilidade e não há possibilidade onde não há escolha. Por outro lado, o conceito de escolha é uma das determinações fundamentais do conceito de liberdade. Os regimes totalitários eliminam a possibilidade de escolha de seus cidadãos, começando com a liberdade de pensamento, uma das maiores liberdades que o ser humano possui.

Ao longo da história da filosofia, o pensamento oscilou entre diversos graus de fatalismo, determinismo e existencialismo. Por exemplo para o estoico Crisipo, o que acontece é necessário, inevitável e depende exclusivamente da vontade divina, portanto não há escolha humana. Para os deterministas como Holbach, Espinosa, Hume e J. S. Mill, existem necessidades *a priori* que afetam de diversas maneiras os seres humanos. Para os existencialistas, o determinismo se aplica apenas às coisas (submetidas à lei da gravidade, ao envelhecimento, às diferenças de temperatura, umidade e pressão, por exemplo). A consciência humana exerce sua própria liberdade e possui uma responsabilidade por isso. Entre os diversos tipos de determinismo (fatalismo, determinismo rígido, determinismo brando) e o existencialismo de Sartre e outros contemporâneos, há vários pensadores, incluindo-se Freud e a psicanálise e o amplo contexto de estudiosos da mente humana como Hegel, Kant, Durkheim, Jung, Schopenhauer, von Hartmann, Nietzsche e Adler. Não traçaremos os múltiplos e complexos caminhos que formam esse labirinto de conceitos, métodos e inter-relações, pois é impossível resumirmos séculos de pensamento e milhares de páginas de textos. Mas não é impossível trabalharmos com algumas das colaborações desses grandes filósofos no vasto campo do pensamento humano.

> Você sabe como se constrói uma história pessoal? A sua história, por exemplo. O seu futuro, a sua felicidade, a sua vida plena depende de escolhas presentes e futuras, da mesma maneira que o seu presente aqui e agora é resultado de escolhas passadas. Certas ou erradas, bem ou mal pensadas, mais ou menos assumidas. É assim que se constrói uma história pessoal e social, através das escolhas realizadas entre várias possibilidades, de acordo com nosso grau de liberdade, conhecimento e de nossa coragem em assumir caminhos e decisões.
>
> Pensando nisso, o que você aprendeu de mais valioso até agora? O que você ainda precisa aprender para sua vida? Há algum erro que você cometeu e aprendeu com as consequências ocorridas? Quais foram seus grandes acertos?

1.10 Quanto à sua vida e à sua história

A liberdade é conquistada a cada dia em que lutamos para manter nosso espaço de decisão, estilo de vida, ideias e princípios. Essa luta deve ser articulada no contexto da sociedade, do bem comum, das leis e da ética. Afinal, quem detém o conhecimento detém o poder. Do quê? De ser livre. Quem possui o conhecimento possui a liberdade. O conhecimento deve viabilizar a construção de nossa história individual, em companhia das pessoas escolhidas para participarem de nossa vida. Parte da família com a qual nos relacionamos, o trabalho, os amigos, os amores, tudo isso pode ser fruto de escolhas.

Paixões, desejos e sonhos nem sempre são fruto de escolhas, mas as antecedem, pois nossas vidas são também baseadas em sonhos, desejos e especialmente nas vontades. Cabe-nos decidir quais paixões ou sonhos assumiremos como projeto de vida e lutar pela sua concretização. Ou então, quais paixões e desejos serão relegadas ao mito, ao porão das ideias e sonhos não realizados que formam a vida dos seres humanos? O que se tornará memória e o que se tornará fantasia? Precisamos escolher.

A **coragem** é o motor principal desse processo. É uma das quatro virtudes principais enumeradas por Platão, juntamente com a **prudência**, a **justiça** e a **temperança**. Platão a define como "a opinião reta e conforme a lei sobre o que se deve e o que não se deve temer". Aristóteles define-a como o justo meio entre o medo e a temeridade, entendendo-se temeridade como ousadia excessiva ou imprudência.

Como diríamos: "fazer loucura é diferente de fazer asneira. Loucura é aventura; asneira é besteira".

A coragem é algo excelente. É o contrário da angústia, pois não admite medo ou pusilanimidade. Pusilânime é o covarde, o medroso, o fraco. Nietzsche o chamaria de *ruim*.

Não podemos deixar que outros escolham por nós. A construção da capacidade de escolha é a construção da própria história. Aquilo que o teatro, o cinema, as revistas e os contos de fadas chamam de *felicidade* depende de escolhas sábias, livres e corajosas. Não há receitas e nem métodos infalíveis para se conseguir a felicidade, ao contrário do que dizem algumas obras classificadas como de *autoajuda*. Há um processo histórico individual e coletivo do qual participamos e a filosofia pode colaborar na construção desse processo.

1.11 Como na ficção...

Escolha não é algo imposto por uma força ditatorial. Por exemplo: no filme *A escolha de Sofia* (1982), a personagem principal, Sofia, ao ser presa com seus filhos e chegar no campo de concentração de Auschwitz, é ordenada por um oficial nazista a escolher qual de seus filhos, um garoto e uma garota, sobreviveria e qual iria para a morte na câmara de gás. Ela implora para que não a façam escolher algo impossível. Quando o oficial diz a um jovem nazista para levar as duas crianças, ela solta a menina gritando: "Peguem minha garotinha!". Enquanto ela vê a criança ser levada, chorando e gritando por sua mãe, é possível discernir sua culpa e desespero. Sofia não escolheu, na verdade. Ela foi levada, pelo desespero, a uma ação extrema para salvar a vida de um dos seus filhos, sabendo que a premeditada maldade nazista envenenaria para sempre a sua vida e marcaria a vida do filho sobrevivente.

A escolha tampouco aparece nas tragédias gregas, pois o fatalismo divino já teceu toda a trama da história. Na tragédia intitulada *Édipo Rei*, escrita por Sófocles (cerca de 427 a.C.) e considerada por Aristóteles, em sua obra *Poética*, como o mais perfeito exemplo da tragédia grega, não há escolhas. Há apenas a predeterminação dos deuses.

A história dessa peça é rica em simbolismos, tanto que gerou o Complexo de Édipo na psicanálise. De uma forma simples e resumida, o Complexo de Édipo é a preferência velada do filho pela mãe, acompanhada de uma aversão pelo pai. Essa situação se resolve ao longo da infância e da adolescência, através do acordo tácito do filho não fazer sexo com a mãe e em troca não ser morto (castrado) pelo pai.

Mas voltemos à história. O rei de Tebas, Laio, recebeu o aviso do oráculo de Delfos de que seria morto pelo seu próprio filho e que depois este se casaria com a mulher do rei tebano, Jocasta. Esses dois crimes são dos piores possíveis no mundo grego: o parricídio e o incesto. Mas, apesar dos avisos, Jocasta engravidou e teve o filho. O menino foi então abandonado para morrer no monte Citéron, com os pés furados por pregos para apressar sua morte. Mas um pastor o resgatou e o entregou para ser criado pelo rei de Corinto, Pólibo, um homem sem filhos, que se alegrou com o menino ferido que chegou à sua casa, tratando-o como seu próprio filho. Mas a trama dos deuses exerce sua poderosa influência sobre os humanos. Ao crescer, Édipo ouviu rumores sobre suas origens e foi a Delfos consultar o Oráculo, que revelou a profecia, mas sem dizer quem eram seus pais. Édipo pensou que Pólibo era seu pai, e então abandonou a casa onde cresceu e saiu pela Grécia. Em um dos caminhos, Édipo se desentendeu com um viajante que o mandou sair do caminho. Ao fim da contenda, Édipo acabou por matar o seu adversário, sem saber que encontrara o rei de Tebas, Laio, seu pai.

Sem o rei, morto pelo próprio filho, Tebas começou a sofrer

castigos divinos, entre eles os impostos por um monstro chamado *Esfinge*, que se postava na entrada da cidade para perguntar enigmas aos viajantes e devorar os que falhavam nas respostas, ou seja, todos os que se aventuravam por esse caminho. Mas Édipo resolveu o enigma que o monstro lhe apresentou: "Qual é o animal que tem quatro patas pela manhã, duas ao meio-dia e três ao entardecer?". "É o homem", respondeu Édipo, "que engatinha quando criança, caminha ereto com suas duas pernas, quando adulto, e se utiliza de uma bengala na velhice." A Esfinge desaparece, mas Édipo não percebeu que sua resposta na verdade foi "Sou eu, o homem.", e isso significava que ele seria irmão (criança), pai (adulto) e avô dos filhos gerados por seus próprios filhos/irmãos, estes concebidos com Jocasta, sua mãe. Efetivamente, Édipo foi recebido com glórias em Tebas por tê-la livrado do monstro. Com o desaparecimento de Laio, Jocasta estava livre e se casou com o jovem herói sem saber que este era seu filho, pois julgava-o morto ainda quando criança.

Com Jocasta, Édipo teve dois filhos, Eteócles e Polinice, e duas filhas, Antígona e Ismênia. Com o novo rei parricida e incestuoso, os deuses continuaram a castigar Tebas. Creonte, irmão de Jocasta, foi ao Oráculo de Delfos e trouxe a mensagem que a maldição que assolava Tebas só seria levantada quando o assassino de Laio fosse entregue à justiça. Édipo consultou então um sábio, o cego Tirésias, para saber onde encontrar o assassino. Depois de muito relutar, Tirésias apontou para o próprio Édipo. Horrorizado, ele ainda recebeu a confirmação do próprio pastor de Laio, que um dia salvou sua vida no monte Citéron e o levou para Corinto para ser criado por Pólibo.

Jocasta se enforcou ao saber dos eventos funestos. Édipo

furou seus próprios olhos com os alfinetes dos broches de sua mãe, porque não a havia reconhecido com sua visão e jamais poderia contemplar seus filhos, frutos do incesto materno, e nem os cidadãos de Tebas. Seus filhos se mataram um ao outro pela disputa das terras. Antígona acompanhou seu pai no exílio, até um dia se matar, e Édipo morreu velho e só em Colono e Ismênia, por sua vez, morreu solitária e triste. Sófocles (2001) termina a peça com as palavras sábias e terríveis: "Por mais seguro que um homem possa se sentir, mesmo sendo rico e afortunado, ninguém pode se sentir seguro de escapar de um desastre; ninguém pode dizer que é totalmente feliz até chegar ao último de seus dias".

Édipo se desesperou, como Sofia. A escolha não foi dele, mas sim fruto dos desígnios divinos.

O último exemplo de uma não escolha pode ser exemplificada com outra grande tragédia: *Romeu e Julieta*, peça de William Shakespeare. Os jovens que se apaixonaram eram de famílias rivais que, naquela época, jamais consentiriam tal união. Segundo o crítico Harold Bloom,

> o atrevimento sutil do drama resulta no fato de que tudo está contra os amantes: as famílias e o Estado, a indiferença da natureza, o capricho do tempo, e o movimento regressivo dos opostos cosmológicos, amor e dor. Mesmo que Romeu tivesse controlado a ira, mesmo que Mercúcio e a Ama não fossem brigões intrometidos, a chance de o amor triunfar seria muito pequena. (Bloom, 2001, p. 142-143)

Não há escolha possível quando o mundo todo e o universo são contra alguma coisa e essa é a estrutura clássica das tragédias gregas e shakespereanas – o ser humano envolvido em um contexto cujos referenciais e variáveis superam totalmente sua capacidade de gestão e escolha. Vamos analisar um filme no qual os protagonistas tinham uma possibilidade de escolha e o que aconteceu pela falta de coragem de uma das personagens em assumir (literalmente) uma posição perante sua história.

No filme *O segredo de Brokeback Mountain* (2005), os dois personagens principais desenvolveram uma relação homossexual no isolamento das montanhas de pastagem de ovelhas em Wyoming, no interior dos Estados Unidos. A história se passa no ano de 1963. Ao final da temporada de inverno (e de amor) na montanha, os dois resolveram separar-se e jamais tiveram coragem de assumir seu relacionamento. Casaram com mulheres, tiveram filhos, mas continuaram a se encontrar secretamente nas férias e viajaram para as montanhas, a pretexto de pescar, para viverem alguns dias de amor. Claro que era muito mais difícil assumir a condição homossexual no início da década de 1960, ainda mais no interior dos EUA, entre *cowboys* "machões", do que assumir tal condição em 2009, sendo, por exemplo, vendedor de roupas caras e descoladas em uma butique de luxo nos Jardins, em São Paulo. Mas os *cowboys* tiveram a possibilidade de escolha. Um deles propôs uma mudança para São Francisco, uma cidade liberal da Califórnia, na qual os movimentos *beat* e *hippie*, já no final da década de 1960, começavam a mudar a face das estruturas sociais e a permitir novos estilos de vida. Mas o outro não aceitou. Sentia medo ou vergonha e se retraiu em sua condição solitária, especialmente depois que sua mulher descobriu o segredo que o unia ao seu amigo. O filme retrata como a falta de coragem para assumir uma determinada escolha pode levar à infelicidade e à frustração.

O mesmo acontece com namoros proibidos por diversas

razões; com profissões e casamentos regidos por interesses financeiros ou *status;* com situações em que as pessoas se anulam contra a vontade ou fazem escolhas perniciosas por causa dos outros, sem ter coragem de dizer um **não** sonoro a algo que comprometerá suas vidas. Tais situações eram mais comuns nos séculos passados, quando os filhos ou empregados dependiam dos pais ou patrões, dependência agravada pelo autoritarismo destes últimos.

Em pleno século XXI, o conhecimento, a liberdade e a coragem são componentes mais comuns na história das pessoas. Porém, existe também a alienação, a acomodação e a ignorância. De nada adianta termos liberdade se não temos conhecimento para utilizá-la ou se nossa coragem está embotada pelo medo ou pelo niilismo.

Algumas questões para refletir

Você já tomou uma decisão, já fez uma escolha da qual se arrependeu depois?

Por que você tomou essa decisão? Foi obrigado por alguém ou não pensou de maneira profunda a respeito?

Já fez escolhas corretas? Pense a respeito e descubra o que o levou a fazer essa escolha.

Quais as escolhas, feitas no passado, que mais influenciam sua vida hoje? Quais as escolhas que você tem de fazer atualmente e que mais influenciarão o seu futuro?

O que é mais valioso para você em sua vida? Por quê?

E agora, uma reflexão final: imagine que você está com vinte ou trinta anos a mais da idade que tem hoje. O que você, do futuro, diria para você, vinte ou trinta anos mais jovem hoje? Que conselhos, avisos ou sugestões daria para você mesmo? Use a imaginação e o conhecimento que tem de si próprio, com franqueza e ousadia. Bom exercício.

Ponto final

Conhecimento, morte, reflexão, coragem, liberdade, escolha, são problemas e tópicos fundamentais para a filosofia e para a educação, ou seja, para a vida humana. Sem contar a felicidade, o mais alto bem que se pode alcançar pela ação, segundo Aristóteles. Todos querem ser felizes, desde os intelectuais e altos executivos, até os que trabalham em serviços humildes. Paira o sonho da felicidade instantânea e fácil, algo que pode ser comprado ou ganho em um concurso pela internet ou pela televisão.

> Toda produção histórica dos seres humanos consiste em criar condições para que o homem seja feliz. Todas as religiões, todas as filosofias de todos os tempos, as conquistas tecnológicas, as teorias científicas e toda a arte são criações humanas que procuram apresentar condições para a conquista da felicidade. O processo civilizatório iniciou-se com a promessa da felicidade. (Gallo, 1997, p. 54)

Antes de conhecermos os filósofos e suas diversas linhas de pensamento que influenciaram a educação, é importante refletirmos sobre os temas que fundamentam a problemática humana que, por sua vez, reflete-se nos processos de reflexão sobre a natureza, a cultura e a sociedade e sobre como a educação é influenciada por essas reflexões.

O senso comum frequentemente critica ou se admira com as dificuldades que as escolas, os professores e as instituições que trabalham com cultura passam para ensinar ou proporcionar conhecimento às novas gerações e como fazer para que os mais velhos possam ser "reciclados" ou orientados constantemente a outros conhecimentos e saberes. Educar e transmitir cultura e valores são desafios em todas as civilizações, assim como garantir uma maior parcela de felicidade à maioria da população. Em todas essas situações, uma boa proposta educacional é fundamental para a sociedade como um todo e para as pessoas, em particular.

# 11

A importância da educação

Um dia nossos pais nos deixaram em um lugar estranho, com outras crianças igualmente estranhas e se foram. No lugar do nosso lar e da nossa família, fomos confrontados com um ambiente desconhecido, mais ou menos colorido, reproduzindo aquilo que os adultos pensam ser o mundo infantil. Inseriram-nos em um espaço no qual fomos, por assim dizer, obrigados a viver em grupo com outras crianças, a aprender novas regras, a conviver com homens e mulheres que se tornaram responsáveis por nós ao longo de muitas horas do dia. Era o início de nossa vida escolar, mas não o início de nossa vida educacional, que começou muito antes. Desde os primeiros dias de vida, na intimidade de nossas famílias, aprendemos a fazer – e principalmente a não fazer – certas coisas importantes. Aprendemos os primeiros limites do ser humano: espaço e tempo. Aprendemos o proibido, o obrigatório, o interdito, o conveniente, o desejável, o estético, o oportuno. O conceito de Freud, de que a cultura se faz baseada na da repressão, é algo familiar a qualquer criança ou adolescente.

Além da família e da escola, aprendemos muitas coisas também nas ruas, nas igrejas, nos clubes, nos grupinhos secretos e fechados de amigos, no cinema e na televisão, na internet e nos jogos compartilhados, reais ou virtuais. Mas a nossa vida mais formal se realiza nos mundos da escola (do maternal à universidade) e, posteriormente, no mundo do trabalho, do qual faremos parte até a aposentadoria ou a morte, não necessariamente nessa ordem.

Apesar de o processo educacional ser realizado nos vários mundos possíveis, é na escola e no trabalho que essa educação é formalizada, institucionalizada, concretizada de forma clara e imposta através de leis, regras, normas e estatutos. Algumas regras são escritas e declaradas explicitamente; outras são sugeridas; e outras, ainda, talvez as mais importantes, são implícitas, ou seja, nunca foram escritas ou faladas, mas são importantes e devem ser obedecidas sob pena de o indivíduo sofrer as consequências. Muitas vezes não é uma pena pública, mas algo sutil como uma reprimenda muda, discreta. Uma indicação de que o transgressor não é (ou não mais será) "do grupo", é um "de fora", não iniciado e, portanto, condenado a viver à margem dos incluídos.

Essa educação, formal e institucional, escolar ou corporativa, envolve o ser humano do berço ao túmulo. Escolas, empresas, asilos, hospitais, clínicas de repouso, UTIs, hotéis, colônias de férias, transportes públicos ou privados, todos esses ambientes possuem suas regras e etiquetas de comportamento e, portanto, as pessoas precisam ser "bem educadas" para conviver harmonicamente em sociedade.

2.1 Os desafios da educação para as diferentes pessoas

A formação do ser humano, conforme compreendida atualmente por vários educadores, é um processo complexo, múltiplo e interativo. Não há uma única "receita" ou método para educar, assim como não há uma única e verdadeira filosofia, pensamento ou conduta. O conhecimento é um processo dinâmico e consensual.

> O termo "educação" tem sua origem em duas palavras do latim: *educere* e *educare*. A primeira quer dizer "conduzir de fora", dirigir "exteriormente"; a segunda indica "sustentar", "alimentar", "criar". O sentido comum é o de "instruir" e "ensinar", mas com conotações diferentes que já indicam posturas pedagógicas diferentes. A derivação dupla da palavra deixa entrever dois grandes caminhos da filosofia da educação no mundo ocidental: por um lado, o ensino baseado em regras exteriores em relação ao aprendiz, por outro, o ensino dirigido no sentido de incentivar o aprendiz a forjar suas próprias regras. (Ghiraldelli Jr., 2006, p. 13)

Há alguns conceitos mais universalmente aceitos nos campos da ética (a Declaração Universal dos Direitos Humanos, por exemplo), dos negócios internacionais (órgãos como a Organização Mundial do Comércio, que legislam sobre os procedimentos gerais do comércio internacional) ou no campo jurídico (o Tribunal Internacional de Haia, para crimes de guerra, por exemplo). Porém, no campo da cultura e da educação imperam os conceitos de respeito às diferenças entre pessoas e grupos.

2.1.1 Quais são as diferenças entre os seres humanos?

Podemos listar as seguintes diferenças:

- » **Diferença de idade**: Crianças, jovens, adultos e idosos devem ter acesso à cultura e à educação de acordo com sua faixa etária, suas necessidades e limitações.
- » **Diferença étnica**: As diferentes raças do planeta possuem, de acordo com sua história, cultura e meio ambiente geográfico, bem como necessidades e possibilidades específicas.
- » **Diferenças culturais e religiosas**: As diversas culturas e religiões contam com um sem-número de obrigações, deveres e interdições específicas que devem ser respeitadas e compreendidas pelas pessoas de outras raças, culturas ou religiões. O importante é o direito de a pessoa escolher sua religião e sua postura cultural perante o mundo, de acordo com sua consciência e livre escolha, desde que, por sua vez, respeite os direitos e escolhas das outras pessoas. As diferenças culturais influenciam a alimentação, o vestuário, a habitação, a educação, as relações sociais e profissionais. O pluralismo religioso e cultural é a base salutar de uma sociedade livre e democrática.
- » **Diferenças sexuais e de opção sexual**: As diferenças entre o sexo masculino e feminino devem ser respeitadas de acordo com as diferentes culturas e com a estrutura física peculiar a cada sexo. A opção sexual, ou gênero, deve igualmente ser respeitada. Existem os heterossexuais, os

bissexuais e os homossexuais, e essas opções dizem respeito ao indivíduo e à sua história de vida.
» **Diferenças físicas**: São as inúmeras diferenças de peso, altura, constituição física mais ou menos resistente aos exercícios físicos, diferença de capacidade e gostos intelectuais, limitações físicas naturais (existentes por problemas genéticos) ou adquiridas (por doenças ou acidentes, na infância ou na vida adulta).
» **Diferenças políticas, sociais e econômicas**: São os diversos grupos humanos de cada sociedade, mais ou menos privilegiados e detentores de riquezas e poder. Todos são iguais perante a lei e as obrigações públicas, mas os menos privilegiados devem ter determinados níveis de proteção social para que a sociedade não seja atingida pelo excesso de egoísmo ou pelo isolamento dos mais favorecidos economicamente face aos excluídos.

As sociedades atuais são extremamente complexas e mutáveis, visto que em alguns países a miséria e a concentração de renda, assim como os níveis de violência urbana e carências básicas, são imensos. Há continentes onde as péssimas condições de qualidade de vida são comuns em extensas regiões (África, Ásia e América Latina); há países onde as diferenças entre ricos e pobres atingem proporções anormais para uma sociedade dita civilizada e desenvolvida (o Brasil é um desses países); e países em que as leis se tornam cada vez mais restritivas aos imigrantes pobres dos países vizinhos (o caso da União Europeia e dos Estados Unidos).

A educação convive com esses desafios contemporâneos e não pode ignorá-los. O fortalecimento da democracia, as liberdades e diferenças individuais, a ética, o meio ambiente natural e cultural são problemas graves e profundos no mundo atual. Por outro lado, é um discurso do senso comum que "a educação é a solução de todos os males do ser humano". As próprias autoridades frequentemente afirmam a importância da educação e se comprometem formalmente com ela. Porém, especialmente nos países em desenvolvimento, esses discursos estão distanciados da prática cotidiana – as escolas públicas em geral são mal conservadas, os professores são mal preparados e remunerados, as políticas educacionais não inibem devidamente os maus serviços prestados por algumas escolas privadas e os índices de aproveitamento escolar despencam em todos os níveis, do ensino fundamental ao superior.

2.2 A educação é fundamental

Apesar das mudanças globais ao longo de quase três milênios, desde a Grécia clássica, a educação possui algumas características que ainda são válidas, desde que consideremos o contexto atual e as diferenças anteriormente apontadas.

O filólogo alemão Werner Jaeger (1888-1961) escreveu um livro intitulado *Paideia*, obra que se tornou um clássico em educação desde que foi publicado (1934). A palavra *paideia*, como já comentado no início do primeiro capítulo, pode ser traduzida como "o processo de formação do homem grego". Jaeger avalia que a educação, para os gregos, possuía algumas características fundamentais que veremos a seguir.

2.2.1 Educação – legado de toda a comunidade

Essa consciência da necessidade social da educação se tornou cada vez mais forte, especialmente na educação contemporânea, por meio da qual as comunidades exercem forte influência na sociedade como um todo em contraposição ao egoísmo materialista e fragmentado dos grupos isolados ou que pretendem manter seus privilégios à força de opressão ou manipulação da sociedade. A educação é uma força libertadora, crítica e reflexiva e exige uma presença não apenas individual, mas também social e política.

2.2.2 A educação participa da vida e do crescimento da sociedade

A educação é a ferramenta que pode fazer com que as pessoas desenvolvam suas potencialidades e possam, em conjunto, formar uma sociedade mais justa, pluralista, democrática e desenvolvida.

2.2.3 Educação grega – consciência de sua própria história

Para vários pesquisadores, a história, como nós a conhecemos hoje, surgiu na Grécia, a partir do desenvolvimento da filosofia. Antes da filosofia, havia o mundo da mitologia e, nesse mundo, a história não era uma ciência humana, mas apenas a manifestação das vontades e caprichos das divindades que manipulavam a seu prazer os homens e mulheres. Com a filosofia, surge a possibilidade da história como processo e escolha das cidades-estado gregas e, posteriormente, de outros grupos humanos que tiveram contato com os gregos. Quando a Grécia foi dominada pelo Império Romano, a mitologia e a filosofia gregas (ambas conviveram por longo tempo) foram transplantadas para Roma e lá o império desenvolveu outros princípios jurídicos e políticos para administrar e controlar o vasto território controlado por Roma. A concepção romana da história segue muitos dos pressupostos gregos. Se hoje é possível reconstituir uma grande parte do Império Romano por meio de documentos, monumentos e ruínas de cidades e estradas é porque sua concepção de história fazia com que registrassem e organizassem seus feitos e projetos.

2.2.4 Educação como representação do sentido de todo o esforço humano — justificativa última da existência social e da individualidade humana

Os valores, a ética, a política e o conhecimento sistematizado eram valiosos para filósofos como Platão e Aristóteles. A filosofia aristotélica é marcada pelo aspecto teleológico, ou seja, pela sua finalidade última que era a felicidade por meio da contemplação do mundo e da sociedade por um homem bem-educado e consciente de sua posição. A educação na Grécia antiga não era "democrática" no sentido que entendemos hoje. A democracia grega era para os homens livres e possuidores de bens. As mulheres, os estrangeiros, os escravos e as crianças não possuíam direitos políticos na *polis*, na cidade grega. Porém, a ideia de igualdade política e legal entre homens livres já era um avanço. Nas sociedades pré-helênicas ou à margem do mundo grego, a concepção de igualdade era inexistente ou muito relativa, pois os reis eram considerados deuses ou pessoas especiais escolhidas e protegidas pelas suas divindades, portanto acima das leis e responsabilidades humanas. No mundo grego, todos eram submetidos às leis e ninguém era considerado deus ou semideus, entidades que existiam apenas na mitologia.

Um dos ditados gregos merece ser citado e será retomado mais adiante: "Quando os deuses querem destruir alguém, primeiro o enchem de *hybris*". Uma tradução livre seria: quando os deuses querem destruir alguém, primeiro o enlouquecem. *Hybris* é a desmesura, a loucura. Desmesura do quê? Das medidas humanas, ou seja, *hybris* representa a atitude de um indivíduo de pensar que está acima dos limites humanos, que imagina possuir algum poder divino. Quando os deuses querem destruir alguém, primeiro o fazem pensar que é um deus. A educação pretende, também, inserir o ser humano no contexto humano. Nem mais, nem menos. Igual aos seus semelhantes.

Figura 3 – Escola de Atenas

Desde a Antiguidade clássica, a educação é uma instituição importante para o indivíduo e a sociedade. Essa era a finalidade da Academia, fundada por Platão, ou do Liceu, criado por Aristóteles.

Wikimedia.

2.2.5 Antiguidade clássica como unidade histórica e o "mundo da cultura" ocidental – legados da Grécia antiga

A civilização ocidental e boa parte da cultura global possuem matrizes legadas diretamente da Grécia e de Roma. O mundo greco-romano é chamado de *Antiguidade clássica* por ter influenciado a educação, a política, a sociedade, a filosofia e a cultura em geral do Ocidente e, por extensão, das outras regiões dominadas pelo colonialismo europeu dos séculos XVI a XX, levando-se em conta que, a despeito da independência política da maioria dos países americanos, muitas possessões africanas e asiáticas só adquiriram sua independência após a Segunda Guerra Mundial (1939-1945).

O futuro domínio do cristianismo manteve várias das estruturas clássicas greco-romanas, seja na divisão política da Igreja Católica (dividida em dioceses, paróquias e em outras hierarquias), no sistema jurídico (também influenciado por Roma) e até mesmo na incorporação da filosofia grega, devidamente cristianizada por Tomás de Aquino.

O romance de Umberto Eco, *O nome da rosa*, tem como cenário um mosteiro beneditino do século XIV, os detalhes da vida monacal, uma biblioteca misteriosa onde o conhecimento é interdito à maioria das pessoas e um monge inglês, William de Baskerville, que representa a ascensão do pensamento empírico em contraposição à rígida ortodoxia da escolástica medieval, repleta de dogmas e verdades consideradas acabadas e perpétuas. O filme (dirigido por Jean-Jacques Annaud, em 1986), tendo o monge brilhantemente representado por Sean Connery, oferece uma ideia superficial da trama e da vida monástica, mas merece ser assistido. Porém, no romance encontramos toda a riqueza de uma época de crises religiosas, perseguições aos hereges e disputas intelectuais sutis e complexas. O romance representa bem a época imediatamente anterior ao Renascimento e à crise pela qual o pensamento católico ortodoxo passou ao final da Idade Média.

O Renascimento, um período de transição entre o período medieval e a época moderna, marcado pelo desenvolvimento tecnológico consequente das grandes navegações dos séculos XV e XVI, do surgimento da imprensa, da concepção heliocêntrica do mundo protagonizada por Nicolau Copérnico (1473-1543) e da descoberta da perspectiva na pintura, realizada por Leon Battista Alberti (1404-1472), começou a forjar um mundo intelectualmente cada vez mais desligado da rigidez das tradições escolásticas medievais. As invenções e os descobrimentos de novas terras e povos abriram o caminho para o empirismo (a valorização da experimentação científica) e para o movimento humanista, fundado por Francisco Petrarca (1304-1374) e por Bocaccio. Na Holanda, Erasmo de Rotterdam (1469-1536) escreve o satírico *Elogio da loucura* e, na França, o filósofo Michel de Montaigne (1533-1592) inaugura um estilo literário caracterizado por maior liberdade e subjetividade.

Um marco da filosofia política do Renascimento é a obra de Nicolau Maquiavel (1469-1527), *O príncipe*, no qual se rompe, pela primeira vez, a unidade entre política e ética, quando o autor afirma categoricamente que "os fins justificam os meios". É o princípio de realidade confrontando os ideais legados por Platão e Aristóteles e ampliados pelo cristianismo, nos quais se pregava que a política deveria ser regida pelos mais altos princípios.

O Ocidente, nesse período de grande efervecência, começa sua longa trajetória rumo à modernidade, moldando um mundo cercado por tecnologias sempre inovadoras e por sistemas de gestão, pública ou privada, caracterizados pela ambição e pelo lucro.

2.2.6 Estética grega – influência na sociedade, na cultura e na educação

A educação grega se orientava pela filosofia e pela arte. Esta era representada pela oratória, pelo teatro, pela arquitetura, pela dança, pela música, pela literatura, pela poesia, pela escultura e pela pintura. Para Jaeger, os representantes da paideia grega não são os artistas mudos (escultores, pintores ou arquitetos), mas os poetas e músicos, filósofos e oradores, ou seja, os homens que serviam ao Estado. Esses expressaram por meio de seus discursos o ideal de formação grega. O conceito estético grego foi representado, pelo filósofo Nietzsche, por meio da figura do deus Apolo. A racionalidade, a ordem e a harmonia representam as características apolíneas e podem ser encontradas na métrica da poesia, nas proporções de formas e volumes dos templos, estádios e edifícios públicos e na construção literária das tragédias e comédias. Os romanos ampliaram esses conceitos estéticos e desenvolveram suas cidades e edifícios, amplamente influenciados pelos conceitos gregos.

Uma educação integral na Grécia implicava conhecimentos sobre artes, esportes e filosofia, sendo a questão estética fundamental para a vida cotidiana. A beleza era fruto da proporção, do equilíbrio e da harmonia, valores ainda preservados pelos amantes do que se conhece pelo nome de "arte clássica greco-romana" ou pelos mentores do Renascimento europeu.

2.2.7 A educação e o conhecimento estruturado

O conhecimento antigo que influenciou a formação do pensamento grego proveio de várias fontes. Se considerarmos o surgimento dos primeiros poetas gregos (Homero e Hesíodo), como o mais antigo testemunho da antiga aristocracia helênica, começaremos o estudo no século VIII a.C.

Como já visto no capítulo 1, os primeiros filósofos pré-socráticos surgem no século VI a.C., em uma época em que já existiam civilizações no Egito (o Antigo Império data de 2900 a 2040 a.C.), na Suméria, Babilônia, Assíria, Pérsia, na Índia e na China. Os judeus já haviam estruturado a maior parte do *Antigo Testamento*, os indianos tinham escrito os *Vedas* (cerca de 1500 a.C.) e os *Upanishads* (cerca de 800-500 a.C.). O século VI a.C. foi o tempo em que viveram Buda, na Índia (cerca de 560-480 a.C.); Confúcio, na China (551-479 a.C.); e a época da consolidação da filosofia na Grécia, ou seja, um século rico em avanços no pensamento humano, no comércio, na navegação e nas relações, ainda que escassas e esporádicas, entre alguns povos do Mediterrâneo e do Oriente Próximo.

Por esses motivos, devemos considerar que existiam trocas de informações entre essas diferentes civilizações, especialmente as que floresceram ao redor do Mar Mediterrâneo, ponto de união entre diversos povos e culturas, por meio dos contatos marítimos, das trocas comerciais e das guerras.

Mas foi na Grécia que surgiu a sistematização de um pensamento desvinculado dos mitos e das crenças religiosas. Talvez pela sua posição geográfica privilegiada, entre ilhas e em um litoral recortado e montanhoso, as comunidades gregas precisaram desenvolver conhecimentos de navegação, agricultura, defesa bélica, astronomia e matemática e, claro, sobre sociedade, ética, política e educação.

Admirando o céu azul, as montanhas de cumes áridos e as encostas cobertas por uma exuberante vegetação, as águas azuis e profundas do Mediterrâneo, os antigos gregos desenvolveram o pensamento filosófico. Foram os primeiros a considerar que elementos como a água, o fogo, o ar e a terra pudessem ser as bases da constituição do mundo. Leucipo (séc. V a.C.) chegou a aventar a hipótese da partícula indivisível, o conhecido *átomo*.

Os grandes sistematizadores do conhecimento de sua época foram Platão e Aristóteles. Ambos tiveram uma importância imensa na história do pensamento humano.

2.2.8 O homem como centro de seu pensamento

Desde Sócrates (cerca de 470-399 a.C.), a filosofia envolve a problemática humana, representada pela ética, pelo bem e pela virtude. Não são mais os deuses da mitologia ou os elementos da natureza que comandam o universo, o cosmos, mas a ação humana baseada no conhecimento. É dele a divulgação da famosa frase "Conhece-te a ti mesmo". A tradição conta que essa frase ornamentava o frontispício do templo de Apolo, em Delfos.

Os gregos sempre tiveram o homem como centro de seu pensamento. Deuses e deusas tinham formas humanas; a escultura e a pintura privilegiavam essas formas; o desenvolvimento da filosofia se deu ao partir dos problemas cósmicos aos problemas antropológicos (humanos), culminando com os pensamentos de Sócrates, Platão e Aristóteles; sua poesia e seu teatro sempre mostraram o árduo destino e o drama da existência humana; e, finalmente, o

Estado grego gozava de uma essência política que envolvia a formação do ser humano e da vida de seus cidadãos. É a gênese da paideia, do complexo e árduo processo de formação do ser humano.

É esse desafio que a educação continua a enfrentar: como preparar seres humanos para o mundo em que vivemos?

2.2.9 Conexão entre filosofia e educação – a gênese na Antiguidade grega e a necessidade de se conhecer as bases da educação

Em que se fundamenta uma determinada linha educacional? Quantos métodos ou linhas educacionais estão disponibilizados na sociedade? Quais os objetivos dessas diversas linhas ou modelos pedagógicos?

Quem são seus autores ou autoras? O que os levou a estruturar esse método, da forma como o fizeram? Por que foi escolhido esse ou aquele método educacional em determinada escola, naquele tempo, naquele lugar?

A quem beneficia (ou prejudica) um determinado tipo de educação? Os modelos educacionais variam de civilização para civilização, ou em diferentes períodos históricos? Quais as causas dessas variações?

Há métodos melhores, piores ou neutros de ensinar? A educação deve ser religiosa ou laica? O educador (ou a educadora) deve ter que tipo de formação?

Essas e muitas outras perguntas são inerentes ao processo educacional. Devem ser feitas e discutidas, refletidas e criticadas com base em argumentos sólidos das diversas teorias educacionais e movimentos filosóficos. Por isso a filosofia da educação é o campo adequado para que essas e muitas outras questões sejam refletidas e discutidas.

Algumas questões pessoais para reflexão filosófica

Você identifica, ao longo de sua vida escolar, o tipo de educação à qual você foi submetido(a)? Você percebeu alguma diferença entre a qualidade e competência dos diversos professores ao longo de sua vida escolar? Tente identificar e analisar por que determinado professor ou professora foi melhor ou mais produtivo para sua formação.

Tente identificar por que algum mestre pode ter sido menos importante ou até mesmo prejudicial de alguma forma para sua formação.

Como você analisaria, com base nos fundamentos até aqui analisados, os pontos positivos e negativos de seus mestres? O que você pensa ser importante na sua vida de educador(a), tendo em vista esses conceitos de filosofia da educação até agora analisados?

Ponto final

Pessoas diversas em épocas e lugares diferentes passaram por distintas experiências educacionais. Desde a Antiguidade, o processo civilizatório dependeu da cultura e da educação que as pessoas desenvolveram e transmitiram às novas gerações. Entender que vários desses povos, através da história, deram importância ao processo educacional e puderam desenvolver-se plenamente significa entender que a educação é uma contraposição à barbárie, à disseminação da violência, da intolerância e do preconceito. Civilizar significa desenvolver a capacidade de o ser humano viver em grupos, de forma sedentária, em centros urbanos complexos e organizados. A educação é a base de uma civilização desenvolvida de modo a incluir seus mais diversos grupos de maneira harmônica e integrada.

Refletir sobre o nosso processo educacional pessoal ajuda a entender o processo educacional mais amplo de nossa sociedade ao longo da história.

Indicações culturais

Sites
Portal dos professores
Esse *site* é organizado pela Universidade Federal de São Carlos – UFSCar (SP), no qual o leitor pode cadastrar-se gratuitamente e obter vários materiais referentes a casos, conceitos, métodos educacionais, notícias e textos de interesse para os professores.
Disponível em: <http://www.portaldosprofessores.ufscar.br/>.

Educação de Jovens e Adultos (EJA)
Site do Ministério da Educação. Disponibiliza materiais pedagógicos para os 1º e 2º segmentos do Ensino Fundamental da Educação de Jovens e Adultos. Disponível em: <http://www.eja.org.br/>.

Professores em filmes (Teachertube)
É um *site* de vídeos educacionais com a aparência semelhante a do YouTube (em inglês, mas há alguns filmes sem diálogo, bastante compreensíveis). Disponível em: <http://www.teachertube.com>.

Livro

VIDAL, G. **Criação**. Rio de Janeiro: Nova Fronteira, 1984.

Uma aventura intelectual deliciosa pode ser desfrutada nessa obra do escritor norte-americano Gore Vidal. O livro conta a história do persa Ciro Spitama, neto de Zoroastro, que está na Grécia, no século de Péricles (o criador dos mais belos prédios da Atenas clássica), ditando as memórias de sua vida e viagens ao sobrinho Demócrito. Suas viagens, fruto do desterro de sua terra natal por motivos políticos, o levam à Índia, à China, à própria Pérsia e, finalmente, à vastidão do mundo grego. Contrapondo o poder dos reis e guerreiros, Gore Vidal apresenta o poder de homens como Buda, Zoroastro, Confúcio e Sócrates, homens que detinham o conhecimento e a capacidade de reunir pessoas à volta de suas ideias e de sua sabedoria. O livro versa sobre conhecimento, sobre o homem perante o cosmos insondável e sobre um dos séculos mais instigantes da Antiguidade. Uma obra-prima sobre a vida, sobre os processos de aprendizagem e sobre a busca do conhecimento na Antiguidade clássica expandida pela Ásia e Oriente Médio.

III

A filosofia e a filosofia da educação

As diferentes escolas utilizam diferentes métodos pedagógicos, baseados em diversos filósofos e educadores.

Foi assim ao longo da história e é assim, atualmente, de acordo com a opção epistemológica feita por determinado educador ou grupo de educadores, reunidos em um programa educacional, uma escola ou uma linha pedagógica.

Para entendermos plenamente uma determinada proposta educacional é importante compreendermos seus pressupostos filosóficos, ou seja, em torno de que tipo de pensamento aqueles conceitos e teorias foram construídos. Epistemologia é a teoria do conhecimento, é a análise sobre o núcleo central sobre a qual se apoiam esses conceitos, métodos e teorias.

3.1 A concepção do homem e a educação

As diversas teorias educacionais mudaram, através da história, de acordo com a concepção que se tinha do ser humano em um dado recorte temporal. A proposta educacional variava, portanto, de acordo com a posição epistemológica de cada época, especialmente no que se refere à antropologia filosófica, afinal,

> desde a aurora da cultura ocidental (cujos começos se situam convencionalmente em torno do século VIII a.C., na Grécia), a reflexão sobre o homem, aguilhoada pela interrogação fundamental "o que é o homem", permanece no centro das mais variadas expressões da cultura: mito, literatura, ciência, filosofia, éthos e política. (Vaz, 2006, p. 3)

De acordo com Vaz (2006, p. 3-4), na filosofia, a interrogação sobre o humano se torna tema dominante na sofística antiga (séc. V a.C.), na filosofia de Sócrates, Platão e Aristóteles e acompanha todo o desenvolvimento histórico da filosofia ocidental até encontrar uma clássica expressão nas questões do filósofo alemão Kant:

- » O que posso saber? (teoria do conhecimento ou epistemologia)
- » O que devo fazer? (teoria do agir ético)
- » O que me é permitido esperar? (filosofia da religião)
- » O que é o homem? (antropologia filosófica)

Há alguns problemas fundamentais, objetos da antropologia filosófica: cultura, sociedade, psiquismo, história, religião, *éthos* (dimensão do agir humano social e individual). Esses problemas estão também no cerne das preocupações pedagógicas. Um enfoque sobre a filosofia da educação ocidental deve começar pela compreensão das diversas concepções do ser humano através da história da filosofia. Um referencial significativo, no Brasil, é a obra do filósofo Henrique C. de Lima Vaz, *Antropologia filosófica*, que servirá de guia nessa reflexão. Ele analisa o homem ao longo das concepções clássica, cristã-medieval, moderna e contemporânea.

3.2 Concepção clássica do homem

É justamente a concepção da filosofia grega, cujas raízes estão em seu período arcaico (séc. VIII e VII a.C.). Ao ser herdada pelo Império Romano e se mesclando aos elementos especificamente criados por Roma, constituiu o que denominamos *cultura clássica greco-romana*.

A concepção fundamental do ser humano clássico sobre si mesmo possui dois traços fundamentais: o homem como animal que fala e elabora e o homem como animal político.

Esses dois traços são correlatos, pois só ao ser dotado de *logos*[1], o homem entra em relação com seu semelhante e pode instituir uma comunidade política. As linhas dominantes da concepção do homem na cultura arcaica grega são reunidas por Lima Vaz em três vertentes, que serão contempladas a seguir.

---

1 *Logos*: A razão como substância, princípio ou causa do mundo; ou como pessoa divina. A doutrina do *logos* permaneceu uma doutrina relacionada à religião. Em Heráclito, significava o princípio cósmico que dava ordem e racionalidade ao mundo, de certa forma análogo ao fato de que a razão humana ordena as ações humanas. (*Dicionário Oxford de Filosofia*, 1997)

3.2.1 Linha teológica ou religiosa

É a linha que divide e opõe o mundo dos deuses (imortais e bem-aventurados) e o mundo dos homens (efêmeros e infelizes). O mito grego relata a *hybris* do homem para se igualar aos deuses e a resposta dos deuses a essa pretensão desmedida, expressa no destino implacável e na tragédia da vida dos mortais.

Como já afirmamos anteriormente, *hybris* é uma palavra grega que significa "desmesura", podendo ser relacionada ao orgulho desmedido. Lembre o antigo ditado grego (já citado) que preconizava que "quando os deuses querem destruir o homem, primeiro o enchem de *hybris*". Pode-se entender que, quando os deuses querem destruir alguém, primeiro o enlouquecem. Tomado de *hybris*, do orgulho para se igualar aos deuses, o homem apenas se deixa tomar pela loucura, pois querer ser um deus é ultrapassar os limites da condição humana. Daí provém a sua destruição causada por seu próprio orgulho desmedido.

Outro ditado se refere ao desejo e à vontade dos homens: "Cuidado com o que você pede aos deuses, eles podem atendê-lo". É um aviso para que a reflexão anteceda os caminhos e as escolhas da vida. Esse ditado sobreviveu aos tempos clássicos e foi incorporado pelo cristianismo, sendo expresso na frase: "Há mais lágrimas derramadas pelas preces atendidas do que pelas que não foram ouvidas".

A situação do homem diante do divino está na origem da religiosidade, cujo maior símbolo é o Templo de Apolo, em Delfos, na Grécia, o lugar mais sagrado da Antiguidade clássica. Essa sabedoria acentua os preceitos da moderação com frases como "nada em excesso" ou "conhece-te a ti mesmo", tão propagada por Sócrates.

O templo de Apolo, em Delfos

O templo de Apolo, em Delfos, era o lugar mais sagrado da Antiguidade clássica. Conta a tradição mítica que, quando Zeus desejou encontrar o centro da Terra, soltou duas águias em direções opostas, uma para o oeste e a outra para o leste. As águias se encontraram em Delfos e pousaram em uma pedra que demarcaria o "umbigo do mundo". Delfos era importante não apenas para os povos helênicos, pois era considerado um local sagrado por todos os povos do mundo antigo.

Até hoje, ao entrar no sítio arqueológico (cerca de 120 quilômetros de Atenas) onde estão as ruínas do complexo do santuário, o visitante sente a solenidade da natureza que envolve o local e percebe a eminência histórica das pedras desfiguradas pelo tempo, tendo uma indefinível sensação ao pisar o solo pedregoso dessa terra onde, um dia, em um passado distante, o oráculo falava pela boca de suas sacerdotisas aos homens ansiosos por conhecer o mistério de sua existência e o futuro de suas vidas.

A natureza foi determinante na escolha do local onde os templos foram edificados. Como quase todos os templos gregos, o templo de Delfos está no meio da montanha, a meia altura entre o chão e o céu, intermediando a terra dos homens mortais e o paraíso olímpico dos deuses imortais. Por detrás do templo se erguem as faces abruptas de altos rochedos e abaixo as árvores formam bosques esparsos que quebram a aridez da paisagem. O cenário é o resumo da geografia grega: a fertilidade das planícies cortadas por cursos d'água; a aridez das montanhas pedregosas; as matas selvagens que ocultam ninfas, faunos e outros seres fantásticos nas grutas, fontes e árvores; e a pureza da atmosfera e do mar, límpidos e inebriantes como o néctar dos deuses do Olimpo.

Delfos tem sido visitado desde o século VII a.C. Além do templo, onde estava escrito "Conhece-te a ti mesmo", havia outros templos menores, um anfiteatro e um ginásio de esportes onde peças de teatro e competições eram realizadas em homenagem ao Deus. Ao final de sua história como lugar de peregrinação, o santuário foi dominado pelos romanos. Foi saqueado por Sulla, em 86 a.C., e por Nero, em 67 d.C. Sob influência do imperador Adriano (século I), houve um certo renascimento do culto original, realizado antigamente no templo de Apolo, mas sem o antigo esplendor. Com o advento do cristianismo, o santuário foi perdendo cada vez mais a importância até ser totalmente abandonado e redescoberto apenas no século XIX, por arqueólogos franceses.

Fonte: Trigo, 2001, p. 19-21.

3.2.2 Linha cosmológica

De acordo com Vaz (2006, p. 21), "A contemplação da ordem do mundo e a admiração diante dessa ordem são atitudes que o espírito grego partilha com o de várias culturas antigas". Essa admiração veio, provavelmente, das antigas civilizações hídricas, nascidas à margem dos grandes rios (Nilo, Tigre, Eufrates), em áreas desérticas e hostis onde a água desses grandes cursos fluviais significava a possibilidade de vida e das primeiras organizações sociais sedentárias, em contraponto com o mundo nômade dos caçadores e coletores pré-históricos. Esses rios possuíam seus ciclos[2] e fluxos, caracterizados pelas cheias e vazantes, condicionando, assim, os ciclos possíveis para agricultura ao longo do ano.

Surgiram a navegação, a agricultura e a matemática, ciência necessária para os cálculos celestes e para as medições das terras e proporções para as construções em pedra.

Em contraposição ao **caos**, simbolizando a desordem e o mal, o ser humano vivia em um **cosmos**. O poeta Hesíodo, em sua obra *Teogonia*, escreveu a obra que imortalizou o surgimento dos deuses da antiga Grécia e como eles se organizavam na tomada de poder que culminou na hegemonia de Zeus, após muitas batalhas entre pais, filhos e irmãos imortais.

A passagem do caos ao cosmos também foi reproduzida nessa obra:

> No princípio era o NADA. Depois a terra de largos flancos, assento infalível de todas as coisas para sempre... e o Amor, o mais belo entre os deuses imortais. Ele rompe os membros e, no seio de todos os deuses, como de todos os homens, doma o espírito e a sábia vontade. Do Nada nasceram Erebos e a negra Noite. [...] Primeiro a Terra concebeu, grande como ela, o Céu estrelado, capaz de cobri-la inteira, o qual ia ser para os deuses bem-aventurados um assento infalível para sempre. Em seguida, concebeu os altos montes, aprazíveis moradas das deusas, as Ninfas, que vivem nos montes ondulados. Em seguida deu à luz o mar infecundo, de ondas impetuosas, o Largo, sem ajuda do terno amor. Em seguida,

---

2 Ciclos: Dos rios, da Lua, das estações do ano, das marés, da fertilidade da mulher. A admiração perante esses ciclos, perante a aparente e imutável ordem das estrelas no céu e a sensação indescritível da vida e da consciência perante a vida provocaram o surgimento da reflexão filosófica causada por essa admiração, segundo Platão e Aristóteles.

tendo-se unido ao Céu, deu à luz o Oceano de torvelinhos profundos, Coiós, Crios, Hyperion, Iapetos, Theia, Rheia, Themis, Mnmósina, Phoibe com a coroa de ouro e a amável Tétis. Depois deles nasceu Cronos, o mais jovem, de espírito manhoso, o mais terrível de seus filhos. E seu vigoroso pai tornou-se objeto de seu ódio...
Os filhos da terra e do Céu eram os mais terríveis dos filhos e o próprio Pai odiava-os desde o primeiro dia. Assim que nasciam, ele os escondia todos, sem deixá-los ver a luz, no seio da Terra. Ele, o Céu, tinha prazer nessa malvadeza. Mas, em suas entranhas, a enorme Terra gemia. Ela sufocava. Ocorreu-lhe à mente um pérfido e maligno artifício. Logo ela criou o branco aço, fabricou uma grande foice e dirigiu-se a seus filhos. Para dar-lhes coragem, ela disse, com o coração magoado: "Filhos nascidos de mim e de um pai insensato, segui meu conselho, façamos que vosso pai pague pela maldade de seus ultrajes, pois foi ele o primeiro a conceber atos infames." Assim falou. O terror invadiu a todos. Nenhum deles pronunciou uma palavra. O único que teve coragem, o grande Cronos, de espírito manhoso, dirigiu à sua nobre mãe as seguintes palavras: "Mãe, eu te prometo, sou eu que farei o trabalho. Não considero um pai cujo nome me é odioso, pois foi ele o primeiro a conceber atos infames." Assim falou. Um grande júbilo encheu o espírito da enorme Terra. Ela escondeu o filho, deixando-o à espreita. Depois ela lhe entregou a foice, de dentes agudos e expôs toda a cilada. E ele, o vasto Céu, veio, trazendo a noite. Envolvendo a terra, pleno do desejo de amor, ele se aproximava e se estendia por toda a parte. Mas o filho, de tocaia, avançou a mão esquerda, e com a direita tomou a enorme e longa foice de dentes agudos. De um golpe, castrou o pai, atirando as partes genitais para trás, sem olhar." (Hesíodo, citado por Pinsky, 1980, p. 51-51)

Outra característica dessa linha cosmológica é a descoberta da **homologia**, ou correspondência que deve reinar entre a ordem do universo e a ordem da cidade, regida por leis justas, baseadas no bem. Essa é uma das fontes da ideia grega de uma ciência do agir humano, denominada *ética*, que influenciou profundamente a ideia ocidental do homem.

A linha cosmológica se articula com a linha teológica, na formação do conceito de necessidade inscrita na ordem do mundo, à qual devem se submeter os homens e os deuses. Conciliar a necessidade cósmica e a liberdade humana é um dos desafios permanentes da filosofia.

3.2.3 Linha antropológica

Vaz (2006, p. 21) faz a seguinte reflexão sobre o homem arcaico grego:

> Como se reflete a condição humana na imagem que o homem arcaico grego faz de si mesmo? Uma das mais conhecidas expressões dessa condição, que articula, de resto, experiências humanas fundamentais e a relação do homem com os deuses, é a oposição entre o apolíneo e o dionisíaco como dimensões constitutivas da alma grega, que (o filósofo alemão) F. Nietzsche celebrizou.

Essa oposição aparece principalmente nas tragédias gregas, mas a cultura ocidental incorporou essa oposição em vários de seus momentos.

Apolíneo/dionisíaco

Contraste introduzido por Nietzsche em *O nascimento da tragédia* (1872) entre o espírito da ordem, da racionalidade e da harmonia intelectual, representado por Apolo, e o espírito da vontade espontânea e extasiada de viver, representado por Dioniso. Nos textos posteriores, Apolo acabou por ser confusamente identificado com as virtudes cristãs, ao mesmo tempo em que um classicista sereno como Goethe foi estranhamente identificado como uma figura dionisíaca (Blackburn, 1997, p. 18).

O apolíneo reflete o lado mais luminoso da visão grega do homem, trazendo a presença organizadora do *logos* na vida humana. O dionisíaco expressa o lado obscuro ou terreno, onde estão as forças do Eros, ou do desejo e da paixão. Apolo era o deus da música, da harmonia, da beleza e da cultura. Dioniso era o deus do vinho (Baco, em Roma), da desmesura, da embriaguez, do sexo desenfreado e selvagem, livre como o vento que sopra nas florestas ou as ondas do mar que varrem os rochedos. Conciliar esses dois princípios de vida é uma tarefa que a filosofia tentará fazer e à qual Platão consagrará as belas e significativas páginas do *Banquete*.

Do pessimismo perante o destino inexorável, da era arcaica, os gregos evoluem, na era clássica, rumo à ideia de responsabilidade pessoal, na tentativa de delimitar o espaço da realidade sobre o qual o homem pode exercer seu poder de escolha e ter um mérito ou um demérito. A tragédia ática representa essa passagem, desde o pessimismo demonstrado nas obras de Ésquilo até o moralismo representado nas obras de Eurípedes. Sófocles aparece como o autor da transição entre as duas concepções, especialmente no ciclo tebano de suas obras (*Édipo Rei*, *Édipo em Colono* e *Antígona*).

3.3 A linha pedagógica ao longo da filosofia grega

Na Grécia antiga, as diferenças entre as diversas concepções pedagógicas já eram bastante evidentes, graças às diferenças entre os filósofos e suas concepções de mundo, de sociedade e de educação.

3.3.1 Os pré-socráticos e os sofistas: da tentativa do absoluto ao relativismo antropológico

Entre a época clássica grega e o aparecimento dos três grandes filósofos (Sócrates, Platão e Aristóteles), existiram os chamados *pré-socráticos*, ou filósofos da natureza, e os sofistas. Não se pode entender o pensamento platônico e aristotélico sem a obra dos primeiros filósofos e dos sofistas.

Pré-socráticos

Os principais filósofos pré-socráticos foram:

a. **Tales de Mileto** (624-546 a.C.) – Pode ser considerado o primeiro filósofo já documentado. Ao contrário dos antigos mitos, os pensadores de sua época pretendiam explicar o mundo por meio de elementos naturais e buscavam um princípio último, uma única matéria originária da multiplicidade das coisas. Para Tales de Mileto, essa matéria era a **água**. Estudou também matemática e astronomia.

b. **Anaximandro** (611-546 a.C.) – Discípulo de Tales, definiu o princípio originário como o *ápeiron*, que seria o infinito, o ilimitado, o indeterminado.

c. **Anaxímenes** (585-525 a.C.) – Volta ao princípio último, entendendo que o **ar** seria a matéria originária de todas as coisas.

d. **Pitágoras** (570-500 a.C.) **e seus discípulos** – Entendia que a origem das coisas era o **número**. Foi o primeiro pensador a afirmar que tudo pode ser reduzido a formas matemáticas e a procurar as relações entre elas. Os axiomas, a astronomia, a música e as próprias virtudes ou a ética poderiam ser identificados com números e ter suas relações mensuradas e calculadas. Apesar das investigações científicas matemáticas, prevalecem nos pitagóricos os elementos místicos e religiosos. É nessa escola que surge, no Ocidente, a doutrina da transmigração das almas e da separação entre corpo e alma, sendo esta mais pura que o corpo, do qual a alma deve se libertar, abandonando suas impurezas.

e. **Empédocles** (492-432 a.C.) – Afirmava que quatro elementos se movem de acordo com as forças do amor e do ódio: **água, terra, fogo** e **ar**.

f. **Anaxágoras** (500-425 a.C.) – Defendia a hipótese de que há uma **infinidade de matérias originais** qualitativamente distintas.

g. **Leucipo** (séc. V a.C.) – Fundador do **atomismo**, teoria segundo o todo se compõe de partículas indivisíveis (**a-tomo**), iguais à matéria e que se diferenciam apenas por sua forma, posição e ordenação.

h. **Demócrito** (460-370 a.C.) – Discípulo de Leucipo, desenvolveu a teoria do átomo em bases materialistas.

i. **Parmênides** (540-470 a.C.) – Autor da teoria **da unidade do ser e da negação do não ser**. O ser é imóvel, eterno, completo, uno, total.

j. **Heráclito** (550-480 a.C.) – Autor da frase "Não podemos banhar-nos duas vezes no mesmo rio", já que "tudo flui e nada permanece". Propôs a contínua **geração e corrupção** das coisas, a transformação contínua, ao contrário do que pensava Parmênides e outros de sua escola. Para Heráclito, o mundo era um constante embate de forças contrárias (vida e morte, quente e frio, dia e noite). O *logos* seria o responsável pela manutenção da estabilidade que possibilitava a existência do mundo. Pode ser considerado o primeiro pensador dialético do Ocidente. Assim como Parmênides, fazia a distinção entre as evidências sensíveis e o que é acessível através do intelecto, do pensamento. Para ele, só se pode chegar à verdadeira sabedoria mediante um pensamento harmônico com o *logos*, a razão universal.

k. **Diógenes de Apolônia** (seus textos datam provavelmente de 440-430 a.C.) – Foi o primeiro autor representativo de um **pensamento antropológico** mais definido. Exaltou a superioridade do homem frente aos outros animais. Sua postura permite a marcha e o olhar voltado para a contemplação dos astros, no alto do céu. De acordo com Diógenes, existia uma relação entre o olhar humano e a ordem cósmica. Exaltou também a habilidade das mãos, que permite a técnica e a capacidade da linguagem.

O problema cosmológico é paulatinamente ultrapassado pelo problema antropológico como centro teórico de interesse na filosofia grega. Duas grandes questões aparecem nesse contexto de preocupação antropológica: o problema da educação (paideia), face às exigências da vida democrática na *polis* (cidades-estado gregas) e o problema da habilidade ou sabedoria (*sophia*), que não se fundamenta mais na tradição e se aprofunda no seu caráter técnico (*téchne*) ou intelectual (*philosophía*).

Perante qualquer concepção do cosmos para os antigos gregos, impunha-se a necessidade de uma concepção correspondente para a ética, para a política e para a educação. As origens da filosofia da educação se encontram na exigência de educar as crianças e jovens de acordo com as diferentes linhas de pensamento para compreender o mundo e o homem.

Os sofistas

Em geral eram conhecidos como *mestres da sabedoria*. Nas sociedades gregas do século V a.C., ofereciam educação e ensinavam oratória em troca de dinheiro. Tinham uma visão relativista da realidade, entendendo que os valores e as leis poderiam mudar de acordo com a época e a região. É uma concepção oposta às ideias de Sócrates, que encarava a filosofia como um estilo nobre de vida e não como algo a ser usado ou vendido, e oposta às ideias de Platão, com sua visão de arquétipos imutáveis e eternos, ou do bem absoluto. Os principais sofistas foram:

a. **Protágoras** (480-410 a.C.) – Afirmava que "sobre cada coisa existem duas afirmações contrárias", o que significa que não existe nenhum fato absolutamente objetivo. Daí vem sua famosa frase referente ao **homem como medida de todas as coisas**: "O homem é a medida de todas as coisas; das que são quanto ao seu ser, e das que não são quanto ao seu não ser".

b. **Górgias** (485-410 a.C.) – Levou a dúvida sofista aos seus extremos, com suas três teses: "Nada existe; mas, se existisse algo, seria incognoscível (impossível de ser conhecido); e, se fosse cognoscível, seria incomunicável".

Com isso se anula qualquer possibilidade de tentar encontrar um ser objetivo, como pretendiam alguns pré-socráticos com seus princípios últimos e origens definidas do mundo. O homem permaneceria imerso em uma rede de palavras e opiniões (*doxai*), como "medida de todas as coisas", mas sem conhecimento absoluto e definitivo sobre o mundo. A importância dos sofistas reside nos avanços do pensamento grego, quais sejam:

» O homem se torna o centro dos esforços filosóficos, ultrapassando a antiga tradição grega centrada na filosofia da natureza.

» O pensamento, em si, converte-se em tema filosófico, assim como a linguagem.

» Surge o individualismo relativista, acompanhado das primeiras formulações céticas sobre o conceito de verdade.

» A análise do homem como ser de necessidade e carência –

ele precisa suprir, pela cultura, o que lhe é negado pela natureza, um tema caro à história da filosofia até os dias atuais.

» A crítica aos modelos tradicionais de valores morais abre caminho para uma ética autônoma e baseada na razão.

3.3.2 A transição de Sócrates

Werner Jaeger (1983) entende que Sócrates representa, para o pensamento ocidental, a inflexão decisiva que até hoje orienta o pensamento antropológico. Para Nietzsche (1998), Sócrates subverteu a ordem de se entender o mundo, pois para ele e seu discípulo, Platão, o mundo material seria uma ilusão e o mundo das ideias, o mundo real. Essa subversão da visão sobre o real, aliada ao pensamento cristão, teria provocado uma falta de vontade humana perante os problemas da realidade material, remetendo-os para um imaginário mundo das ideias, ou espiritual, ou dos arquétipos. Sob qualquer ângulo que se analise, entretanto, Sócrates representa uma passagem fundamental na história do pensamento ocidental, ao encarar o ser humano. Os traços principais na ideia socrática de homem são:

» A **teleologia** (finalidade) do **bem** e do **melhor** como acesso para a compreensão do mundo e do homem. Essa é uma base cara a qualquer filosofia da educação contemporânea. A educação deve melhorar o ser humano e inseri-lo no caminho do bem, para um desenvolvimento pessoal adequado e uma inserção na sociedade.

» O conceito de "conhece-te a ti mesmo", preceito délfico

retirado de uma inscrição feita no templo de Apolo (em Delfos), remete aos cuidados com a "vida interior" e, portanto, traz preocupações **éticas**. Através dos três momentos do método socrático (a ironia, a indução e a maiêutica) o ser humano pode atingir a verdadeira sabedoria e a verdadeira *areté*, a teoria da virtude-ciência. É a valorização da faculdade **intelectual** do homem, capaz de levá-lo, através da correta reflexão filosófica, à prática do bem e da justiça.

3.3.3 Platão

No que tange à importância desse filósofo e seus preceitos, Vaz (2006, p. 30) possui as seguintes considerações:

> A influência do platonismo é, provavelmente, a mais poderosa que se exerceu sobre a concepção clássica do homem. A antropologia platônica pode ser considerada uma síntese na qual se fundem a tradição pré-socrática da relação do homem com o cosmos, a tradição sofística do homem como ser de cultura (paideia) destinado à vida política, e a herança dominante de Sócrates do "homem interior" e da "alma" (psyché).

Platão era filho de uma aristocrática família ateniense. Permaneceu uma parte de sua vida na Sicília e, ao regressar à Grécia, fundou um sistema de ensino formal que depois se transformou na **Academia**. Fundada por volta de 387 a.C., era uma instituição que utilizava um método de ensino baseado em discussões e seminários. Platão produziu vários textos em forma de diálogos, todos preservados. Seus primeiros diálogos mostram Sócrates interrogando sem cessar, questionando duramente as falsas pretensões ao conhecimento de seus contemporâneos. A teoria das formas é um conceito central de seu pensamento. Essas formas seriam conceitos independentes, reais, divinos, invisíveis e imutáveis, sendo que o Bem possui um papel único, sendo o objetivo último que talvez só seja atingido no final da peregrinação filosófica. O mundo seria uma pálida representação do "real", segundo sua famosa *Alegoria da caverna*, em *A república*.

"Platão é em geral considerado o inventor da discussão filosófica tal como a conhecemos, e muitos filósofos defendem que a profundidade e o alcance do seu pensamento nunca foram ultrapassados" (Blackburn, 1997, p. 298-299).

Vaz organiza o pensamento de Platão de acordo com seus diálogos, fruto de sua maturidade intelectual (em itálico, os nomes dos diálogos onde cada tema é tratado):

» A ideia do **homem** aparece dominada pelo tema do *logos* nos diálogos do ciclo da morte de Sócrates (*Apologia, Críton, Menon, Fédon*).
» A **teoria das ideias** forma o horizonte no qual são pensados a origem e o destino da "alma", com seu mito de preexistência e imortalidade. Essa alma possui uma "reminiscência" e precisa de uma "purificação": (*Menon e Fédon*). A natureza da alma é, portanto, congênita com o mundo das ideias, pois é eterna e imutável (*Fedro*).
» A ideia do homem é pensada na perspectiva da experiência fundamental do *eros* ou da pulsão amorosa, um dos elementos essenciais da visão grega do homem (*Banquete*).
» Mas é em *A república* que Platão elabora sua concepção

política e educacional do mundo. A finalidade é a educação do indivíduo para uma vida política justa, de equilíbrio entre *logos* e *eros* (razão e amor), baseada na contemplação das ideias do Belo e do Bem e amparadas nas virtudes da coragem, da sabedoria e da moderação. A alma seria regida por essas virtudes e elas seriam as bases da educação do homem para uma sociedade justa.

Pela vastidão de textos, percebe-se como Platão influenciou a ética, a política, a visão de mundo e as necessidades educacionais desde seu tempo até a época contemporânea. O tema da educação do indivíduo para si mesmo e para a cidade-estado, relatado em *A república*, e o tema do desejo amoroso – ou *eros* – relatado no *Banquete* são algumas das maiores influências do pensamento grego antigo no mundo ocidental e, portanto, na educação.

3.3.4 Aristóteles

Aristóteles, nascido em Estagira, no norte da Grécia, foi juntamente com Platão o filósofo mais influente da tradição filosófica ocidental. Aos 17 anos, entrou para a Academia de Platão, onde permaneceu até a morte do mestre. Entre 343 e 340 a.C., foi preceptor de Alexandre, o Grande, a convite de seu pai, Felipe da Macedônia. Regressou a Atenas por volta de 335 a.C. e fundou o **Liceu**, onde realizou várias investigações e fundou a primeira biblioteca da Antiguidade. Além de ser um homem intelectualmente brilhante, beneficiou-se da proteção do então imperador Alexandre para receber espécimes vegetais e animais, legislações dos povos conquistados, rolos das bibliotecas saqueadas e para colecionar todo o tipo de objetos que interessassem às suas pesquisas. Foi o grande organizador do conhecimento do mundo antigo. Suas ideias e métodos influenciaram o cristianismo e perduraram, de forma hegemônica, até a Idade Moderna.

Platão e Aristóteles desenvolveram concepções um pouco diferentes do mundo e que influenciaram os séculos vindouros:

> É comum opor a concepção formal e espiritual do verdadeiro conhecimento de Platão, ao grande interesse que Aristóteles dedicava à observação pormenorizada dos fenômenos naturais, entre eles os do pensamento, da linguagem e da psicologia. Assim, enquanto Platão é o santo padroeiro das teorias transcendentais do conhecimento e, em especial, da ética, Aristóteles defende o conhecimento do mundo plural e variado em que vivemos. (Blackburn, 1997, p. 24-25)

De acordo com Kunzmann, Burkard e Wildmann (1997, p. 12), Aristóteles dividia o conhecimento de sua época, denominado *filosofia*, nas seguintes disciplinas: lógica; metafísica, ou primeira filosofia; física; cosmologia; psicologia; zoologia; ética; política; retórica; *poiesis*; poética.

As obras de Aristóteles[3] podem ser divididas em: *Organon* (sobre a lógica); *Física, Sobre a alma, Sobre as partes dos animais, Sobre o céu e metafísica, Obras científicas*; *Ética a Nicômaco, Ética a Eudemo, Grande moral, Política, A constituição dos atenienses*, (discussões de cunho ético) e *Poética*.

Nessa divisão do conhecimento estão as bases epistemológicas que influenciaram a educação ocidental durante mais de dois

---

3 Para os interessados, Jean-Paul Dumont (2004, p. 375-377) elabora uma divisão mais extensa e detalhada das obras de Aristóteles.

milênios, especialmente a futura escolástica católica, outra vertente altamente importante para a filosofia da educação desde a Idade Média até meados do século XX.

Vaz (2006) entende que Aristóteles é um dos fundadores da antropologia (o termo é moderno) como ciência e o primeiro a tentar criar uma síntese científico-filosófica em sua concepção de homem. No momento em que a civilização da *polis* começa a declinar e um novo ciclo da civilização antiga começa a surgir, o filósofo reúne uma imagem harmoniosa com os traços mais relevantes do homem grego clássico, quais sejam:

» Entendimento da estrutura biopsíquica do homem, com a ideia da *psyqué* como princípio vital de todo ser vivo, que lhe dá a capacidade de mover-se por própria conta. Para Aristóteles, mente e corpo (*psyqué* e *soma*) compõe o ser humano.
» O homem como animal racional (*zoon logikón*). Apesar de pertencer ao reino da natureza animal, o homem se diferencia de outros seres dessa natureza pela sua capacidade de raciocinar. A razão — a racionalidade — é a pedra angular desse pensamento grego clássico e, em Aristóteles, adquire seu arcabouço teórico organizado em conceitos, disciplinas e métodos de análise da realidade. O trabalho desenvolvido pelos sofistas, por Sócrates e Platão, encontra nesse filósofo a complementação intelectual racional que lhe dará sustentação por milênios, parte desse sistema lógico e conceitual sobrevivendo até os dias atuais.

Aristóteles estuda a razão sob três pontos de vista:

I. Dos sentidos externos e internos, para conhecer sua estrutura e funções.
II. Da finalidade da atividade intelectual que, por sua vez, divide-se em três grupos de ciências:
   » Contemplação (*theoría*): A busca em razão de si mesma e tendo por fim o conhecimento da verdade. São ciências teóricas a física, a matemática e a filosofia primeira ou teologia.
   » Ação (*práxis*): Realizada em razão do bem ou da excelência do indivíduo e da comunidade. São ciências práticas a ética e a política.
   » Fabricação (*poiesis*): Da qual resultam os objetos artificiais cuja finalidade é a utilidade ou o prazer. Os saberes ou artes que regulam a produção de objetos fazem parte desse grupo. Suas ciências são a linguagem, a retórica e a poética.
III. Dos processos formais do conhecimento. São os estudos sobre a lógica, a organização e metodologia do uso da razão para analisar e compreender a realidade.

O ser humano é, então, ético e político, mas também um ser de paixão e de desejo. Mas é primordialmente racional, a fim de equilibrar sua vida, seus desejos e seu intelecto.

Platão e Aristóteles fundaram as primeiras escolas formais (academias e liceus) para reunir discípulos, discutir teorias e produzir conhecimento. A educação ocidental se fundamenta sobre essa complexa e rica base grega antiga — arcaica (mítica) e clássica (filosófica). Essa riqueza de conhecimento foi incorporada e ampliada pelo Império Romano e enriquecida pelo cristianismo que, por sua vez, trouxe um caudal de conhecimentos dos judeus e dos povos antiquíssimos do Oriente Médio. Em todos esses povos, a educação é um processo importante e alvo de discussões sobre suas finalidades, métodos e procedimentos práticos.

3.3.5 Outras escolas gregas

Após Aristóteles, surgem outras escolas de pensamento na Grécia: o epicurismo, o estoicismo e o ceticismo, todas marcadas pela racionalidade e pelo estudo da inserção do homem no mundo e na sociedade.

O **estoicismo**, fundado por Zenon de Citio (336-264 a.C.), divide a filosofia em lógica, física e ética. O ideal estoico é a libertação das quatro emoções — o prazer, a aversão, o desejo e o medo, por meio da razão utilizada de forma correta. O fundamental para a felicidade é a virtude, que consiste na compreensão moral do valor das coisas.

Epicuro (342-271 a.C.), fundador do **epicurismo**, elaborou uma teoria em que a práxis ocupa um lugar de destaque na vida humana. A ética é parte central da teoria e seu princípio é o prazer, no sentido de que os seres vivos tendem a evitar a dor e procurar o que realmente lhes apraz. Para Epicuro, prazer é a ausência de dor e da inquietação. O prazer epicurista não tem a ver com a concepção contemporânea de prazer ligado às satisfações sensuais e materiais. O ideal é uma vida regrada pelas necessidades naturais e "necessárias" e não pelas necessidades naturais e não necessárias ou, ainda, pelas necessidades consideradas fúteis ou errôneas.

O **ceticismo** propõe contrapor entre si a aparência e o pensado. É o surgimento da dúvida na razão grega.

A última grande escola filosófica da Antiguidade foi o **neoplatonismo**, influenciado especialmente pela perspectiva cosmológica de Platão, por Aristóteles e pelo estoicismo. Seus principais pensadores foram:

a. **Ammonio Saccas** (175-242) – Mestre de Plotino e fundador da Escola de Alexandria.
b. **Plotino** (205-270) – Fundador do neoplatonismo.
c. **Proclo** (412-485) – Conferiu ao neoplatonismo uma maior unidade sistemática.

Essa filosofia floresceu no mundo mediterrâneo dominado pelo Império Romano e, após as últimas ondas de pensamento Pós-Platão e Aristóteles, tentou unir religião e filosofia, tornando-se o pensamento dominante dessa Antiguidade tardia e disputando com o nascente cristianismo a direção espiritual dessa época dominada pela *pax romana*, mas politicamente conturbada.

Para Plotino, o homem está inserido na estrutura triádica da realidade superior formada pelo que ele denomina de *uno*, pela inteligência e pela alma. Para ele, o dualismo se refere não à oposição "alma e corpo", mas à alma voltada para o inteligível, que seria o homem interior e verdadeiro e à alma voltada para o corpo, que representaria a condição inferior do homem. O degrau inferior é representado pela comunhão com seus semelhantes e o degrau supremo é a comunhão com Deus. Plotino acentua as tendências místicas do platonismo clássico, fazendo da atividade contemplativa a atividade mais sublime que um ser humano pode almejar.

Ponto final

A riqueza de concepções e o pluralismo pedagógico marcaram a Antiguidade greco-romana e influenciou a história até a Idade Média e a própria Modernidade. Os ensinamentos de Platão e Aristóteles, de maneira especial, continuam a marcar e influenciar a cultura e as concepções humanistas contemporâneas. Cerca de 25 séculos separam o início do processo filosófico das nossas escolas plenas de liberdade, tecnologia e diversidade de pensamento. Mas a riqueza herdada por essa Antiguidade é um tesouro intelectual a ser preservado e divulgado. A base de nossas civilizações pós-industriais repousa nos antigos textos gregos que influenciaram o Império Romano, o mundo islâmico, os primórdios do cristianismo (a patrística helênica e romana), o mundo medieval, até a Modernidade.

Indicações culturais

Sites
Portal Brasileiro da Filosofia
Site editado por Paulo Ghiraldelli Jr. e por Alberto Tosi Rodrigues (1965-2003).
   Disponibiliza uma grande variedade de materiais, tais como textos, artigos e videoaulas, além de indicações de livros e publicações nacionais e estrangeiras.
Disponível em: <http://portal.filosofia.pro.br/>.

Livros

As obras filosóficas de Platão são vastas e exigem uma leitura acompanhada de comentários para entendermos melhor suas implicações. Segue uma listagem completa dessas obras para aqueles interessados em aprofundar seus estudos.

Grupo I A (em ordem alfabética):

Diálogos que precedem ou sucedem de perto a morte de Sócrates. Platão tinha 20 anos quando encontrou Sócrates (então com 60 anos) e buscou seus ensinamentos até que Sócrates foi condenado a beber cicuta em 399 a.C.

Apologia de Sócrates; Cármides; Críton; Eutífron; Hípias menor; Íon; Laques; Protágoras.

Grupo I B (em ordem alfabética):

O banquete; Crátilo; Eutidemo; Górgias; Hípias maior; Lísis; Menéxeno; Mênon; Fédon.

Grupo II (ordem cronológica):

República I-X; Parmênides; Teeteto; Fedro.

Grupo III (ordem cronológica):

Timeu; Crítias; Sofista; O político; Filebo; As leis I-XII; Epinôme; Cartas I-XIII?.

Obras suspeitas ou apócrifas

Alcibíades maior; Alcibíades menor; Axioco; Clitofon; Definições; Demodoco; Erixia; Hiparco; Da justiça; Minos; Os rivais; Sísifo; Teage; Da virtude.

IV

O mundo medieval e o mundo moderno

A filosofia medieval foi marcada pela ascensão do cristianismo como doutrina religiosa que se tornou cada vez mais hegemônica e passou a dominar o cenário intelectual europeu durante um milênio, do século VI ao século XV. A educação sofreu forte influência dos padres da Igreja. A concepção cristã-medieval do homem era essencialmente teológica, mas os conceitos usados em sua elaboração provinham da filosofia grega. Essa concepção possuía duas fontes de inspiração: a *Bíblia* (*Antigo* e *Novo Testamento*) e a tradição filosófica grega. Esse período se divide em duas grandes vertentes: a filosofia dos primeiros padres da Igreja (**patrística**) e a filosofia **escolástica**.

A **patrística**, por sua vez, divide-se em **patrística helênica** e **romana**, caracterizada pela influência que sofreu, seja da vertente grega, no início, seja da vertente de pensamento romano em uma segunda fase.

A **escolástica** é a filosofia ensinada nas escolas e nos cursos de teologia durante o período medieval, aproximadamente do século XI ao século XVI. Combinava doutrina religiosa, a patrística (estudo dos padres da Igreja) e uma investigação filosófica e lógica baseada, sobretudo, em Aristóteles e em alguns temas de Platão. São Tomás de Aquino, Buridan, Duns Scott e Ockham foram os escolásticos mais conhecidos. A escolástica influenciou diretamente a formação das primeiras escolas católicas no Brasil. (Blackburn, 1997, p. 121-122).

Figura eminente entre os filósofos anteriormente citados, temos também Santo Anselmo, cuja figura representava

> a síntese clássica a teologia e da dialética. Podemos chamar-lhe com razão o Pai da escolástica. Foi ele que marcou o início daquela poderosa corrente espiritual da Idade Média, que empreendeu a penetração especulativa do patrimônio da fé, pela dialética primeiro, e pela filosofia em sua totalidade mais tarde. O ponto culminante deste movimento é o período clássico da filosofia cristã dos séculos XIII e XIV. (Boehner; Gilson, 1982, p. 254)

4.1 Uma filosofia cristianizada

Essa concepção bíblica entende o homem como uma unidade radical em sua origem (criada por Deus à sua imagem e semelhança); em sua vocação expressa pelas alianças feitas entre Deus e os homens no *Antigo Testamento* e concretizada no *Novo Testamento* e, em seu fim, expressa na vida na presença de Deus e em Deus. É uma filosofia profundamente permeada pela teologia e pelo plano e história da salvação que se fez realidade na vinda de Jesus.

O monoteísmo judaico, aprofundado pelo cristianismo, combateu vigorosamente as manifestações politeístas da Antiguidade, assim como as manifestações materialistas ou os desígnios traçados pelo "destino" fatalista ou pelos entes divinos que tanto influenciaram o teatro, a literatura e a filosofia gregas. O *eros* grego se tornou a caridade cristã, o amor salvador que redime o homem de seus pecados, sendo Deus a figura desse amor. A ética passou a se basear na caridade e o *logos* passou a ser Deus em pessoa, a luz do mundo, como define São João (1:9). Por que a filosofia, nesse contexto marcado pelo Deus uno, único e verdadeiro, que não aceita outros deuses ou outra manifestação religiosa que não seja a preconizada por seus sacerdotes, passou a ser ensinada por seus padres teóricos? Para auxiliar a reflexão teológica. A filosofia tornou-se, então, subordinada à teologia cristã.

A sabedoria cristã se contrapôs à sabedoria grega, denominada a partir daquele momento de *pagã* e *mundana*. Apesar de manter a finalidade do bem, da verdade e da justiça, tão caras aos sofistas, a Platão, a Aristóteles e aos neoplatonistas, a sabedoria cristã pretendia ser uma ciência da salvação fundada na humildade e na palavra revelada de Deus. O cristianismo não aceitava a soberba intelectual grega, sua busca de provas infalíveis da existência – ou não – de Deus ou da presença da dúvida dos céticos e materialistas. O fundamento dessa sabedoria é a humildade e a finalidade é a teologia da salvação dos homens e mulheres através do desvendamento da história humana sob a luz da história da salvação bíblica.

Surgiu, com as cartas de São Paulo, uma oposição entre razão e fé que marcou profundamente a filosofia cristã medieval. Os primeiros padres filósofos dos séculos II e III tentaram mostrar que

> a mensagem de Cristo, além de representar o cumprimento das profecias do Antigo Testamento, oferecia à razão soluções mais profundas do que

as de qualquer filosofia. A seus olhos, o cristianismo constitui a verdadeira filosofia, e tudo quanto os gregos haviam logrado elucubrar em matéria de verdade passa a ser herança legítima dos cristãos. (Boehner; Gilson, 1982, p. 25)

Os dois primeiros séculos do cristianismo foram marcados por seu combate intelectual contra o gnosticismo. A antropologia gnóstica aprofundou o dualismo entre corpo e espírito, presente na tradição grega e intensamente difundido pela tradição iraniana (persa). Esse dualismo gnóstico implicava uma condenação da matéria, que seria a origem do mal, uma posição claramente oposta ao pensamento cristão, no qual o *logos* divino se "faz carne" e habita entre os homens. Nesse sentido, o cristianismo representava uma valorização do mundo terreno como obra de Deus e cenário de seu plano de salvação do ser humano. Porém, as ideias gnósticas permearam séculos de pensamento filosófico, originando diversas heresias e posturas intelectuais condenadas sucessivamente pela Igreja Católica.

A antropologia patrística se desenvolveu tendo por base o mistério da encarnação de Jesus, Filho de Deus, o que significa uma valorização do mundo terreno como obra de Deus. O primeiro grande teólogo cristão foi **Santo Irineu de Lião** (século II), o qual pregava que o ser humano é visto como reflexo da glória de Deus.

Encerrou-se um ciclo e outro tipo de visão do homem perante Deus foi inaugurada. Na mitologia grega, os homens eram joguetes do destino, tecido e tramado pelos deuses e deusas repletos de sentimentos semelhantes aos dos humanos: ira, inveja, luxúria, ciúmes, raiva, vingança. Na filosofia grega, os valores eternos, belos e verdadeiros estavam situados em um mundo "ideal", como no pensamento platônico, descolado do mundo terreno – uma pálida sombra das ideias eternas situadas no mundo idealizado pelo filósofo. No cristianismo surgiu uma nova concepção do mundo terreno, como tendo sido salvo pelo Filho de Deus, portanto digno de ser respeitado e administrado pelo homem.

A patrística vai refletir esse processo do desenvolvimento do pensamento humano nas suas duas vertentes principais. A patrística helênica (ou grega), sofreu mais influência da filosofia grega e um de seus maiores pensadores foi Orígenes (século III). Em suas obras se promoveu o encontro entre cristianismo e platonismo, mas algumas dificuldades entre termos e conceitos filosóficos mais específicos permaneceram ao longo desses primeiros séculos. A patrística latina teve como um de seus primeiros autores Tertuliano (século II e III).

4.2 Santo Agostinho e São Tomás de Aquino

Foi com **Santo Agostinho** (354-430) que o jovem pensamento cristão encontrou sua plenitude e marcou os séculos vindouros.

Figura 4 – Santo Agostinho

Um dos grandes pensadores dos tempos iniciais do cristianismo. Sua doutrina influencia a filosofia e a ética até os dias atuais.

Wikimedia.

Nasceu no norte da África, na cidade de Hipona (atual Argélia) e ali morreu depois de ter viajado pelo mundo mediterrâneo. Era filho de um pai pagão, mas sua mãe, hoje Santa Mônica, era uma mulher simples, de fé cristã. Agostinho se afastou do cristianismo na adolescência. Estudou Cícero, foi adepto do maniqueísmo, doutrina do profeta persa Mani, do século III d.C., para quem o mundo é um campo de batalha entre as forças do bem e do mal, entre as luzes e as trevas. A matéria é má, mas o espírito é bom, e cada ser humano é uma mistura de ambos, com o espírito ansiando por se libertar de sua parte corporal. Posteriormente, abandonou esses pensamentos, tornando-se cético. Estudou Platão e o neoplatonismo, na obra de Plotino. Aos 32 anos de idade, retornou ao cristianismo e se tornou um de seus pensadores basilares.

A estrutura intelectual de Agostinho foi profundamente influenciada pelo neoplatonismo, pelo pensamento de São Paulo (nas cartas do Novo Testamento) e pela antropologia da narração bíblica da Criação.

Para Santo Agostinho, o homem é um ser **uno**, corpo e alma na unidade da natureza humana. O homem é um **ser itinerante**, em busca do caminho para a eternidade. Após o momento de "conversão", o homem traça um duplo caminho marcado pelo itinerário da mente e da vontade, cujo ponto de partida é o livre-arbítrio perante Deus, mais uma mudança importante face à antiga predeterminação dos gregos, na qual suas vidas seguiam os insondáveis e caprichosos desígnios dos deuses. O Deus cristão do Novo Testamento não é caprichoso ou aleatório, mas possui planos e metas de conduta para seus fiéis. Em sua obra *A cidade de Deus*, Agostinho traça as diferenças entre a cidade dos homens e a cidade de Deus, onde as qualidades cristãs levariam a uma vida plena do bem para toda a sociedade.

A concepção do **homem como ser para Deus** é outra marca do pensamento de Agostinho. A unidade e o caminho percorrido pelo homem devem levá-lo a Deus.

Agostinho transpõe os ensinamentos do platonismo e da patrística e forma a matriz da concepção medieval do homem e influencia a filosofia até os nossos dias. Os princípios de várias escolas católicas e cristãs e de outras denominações possuem essa influência bastante presente em seus programas e projetos pedagógicos, ao lado da influência exercida posteriormente pela escolástica.

> É raro que uma única pessoa tenha escrito não só um, mas dois daqueles que geralmente são considerados os maiores livros do mundo. Mas Agostinho fez isso. Vieram primeiro as **Confissões** (cerca de 400 d.C.), primeira autobiografia do mundo e até hoje uma das melhores. Mais tarde, **A Cidade de Deus**, (413-426), cuja leitura ainda é exigida nos cursos de estudos religiosos nas universidades. (Magee, 1999, p. 51)

O pensamento medieval, portanto, foi influenciado pela *Bíblia*, pelos primeiros padres da Igreja, especialmente Santo Agostinho, e pelos filósofos e escritores gregos e latinos. A partir do século XIII, a figura de Aristóteles tornou-se importante, graças aos trabalhos de **São Tomás de Aquino** (1225-1274), o segundo pensador fundamental da doutrina cristã, ao lado de Agostinho. Até o século XII, a influência de Agostinho demonstrou ser hegemônica, sendo sucedida pela **escolástica**.

Para Tomás de Aquino, o ser humano é caracterizado por três influências de concepção:

- » um animal de razão, ou seja, racional, proveniente da concepção clássica grega do homem;
- » na hierarquia dos seres, o homem é um ser fronteiriço entre o espiritual e o corporal, proveniente da concepção neoplatônica do homem;
- » é uma criatura feita à imagem e semelhança de Deus, proveniente da concepção bíblica.

As obras mais famosas de Santo Tomás são dois compêndios escritos para estudantes, por quem eles têm sido usados desde então. Um se chama *Summa theologica* e o outro, *Summa contra gentiles* (Sobre a verdade da fé católica). Ao contrário das obras de Agostinho, porém, essas são difíceis para o leitor comum. (Magee, 1999, p. 59)

4.3 Entre a miséria, as guerras e as letras

O período medieval foi marcado pela decadência progressiva do Império Romano, pelas invasões de povos bárbaros em vários pontos da Europa, pela ascensão do islamismo e pelo isolamento das cidades, mergulhadas em um período de dificuldades econômicas e carências extremas. De acordo com Georges Duby (1979, p. 13-14), o Ocidente do ano 1000 é

> rústico, aparece diante de Bizâncio, diante de Córdoba (dominação islâmica na Espanha), pobríssimo e desamparado. Um mundo selvagem. Um mundo cercado pela fome. Tão dispersa, ainda assim a população é demasiado numerosa. Luta com as mãos quase nuas contra uma natureza indócil cujas leis a sujeitam, contra uma terra infecunda porque mal dominada. Nenhum camponês quando semeia um grão de trigo, conta colher muito mais de três grãos, se o ano não for mau demais – o suficiente para comer pão até a Páscoa. Depois terá de contentar-se com ervas, com

raízes, alimentos de ocasião arrancados à floresta e às margens dos rios. Às vezes, as carências habituais dão lugar às penúrias mortais. Todos os cronistas desse tempo as descreveram e não sem complacência. As gentes perseguiam-se umas às outras para se devorarem, e muitos degolavam os seus semelhantes para se alimentarem da carne humana, à maneira dos lobos.

Nessas solidões com brejos, rios, charnecas e matas tão bem descritos pelo historiador Georges Duby, surgiram, a partir do século X, algumas ilhas de cultura e saber: os mosteiros e as catedrais. Neles os monges, os padres e as freiras se refugiavam do mundo para cuidar de suas pequenas comunidades estruturadas de acordo com as regras de São Bento e de São Bernardo. Essas comunidades cuidavam da terra, do plantio e da criação dos animais, da confecção de roupas, móveis e utensílios domésticos em geral. Porém, os mosteiros cuidavam principalmente da preservação dessa cultura clássica e da cultura cristã nascente, defendendo-se das invasões bárbaras, da fome e das guerras tão frequentes em sua época, tornando-se os poucos faróis de uma longa noite histórica.

O poder político estava nas mãos de senhores feudais e reis regionais, todos inseridos na fé católica, sagrados de acordo com o clero. O imperador era sagrado pelo Papa e os outros reis eram sagrados pelos seus bispos. Foi justamente essa sagração que realizou a aliança entre a dignidade monárquica e a cultura escrita. O rei do século XI era um homem que conhecia as artes da guerra, que manejava uma espada com destreza, mas que também lia livros. Os reis ocidentais não eram mais como os antepassados bárbaros, iletrados. Assim como os imperadores de Roma tinham a imagem de fonte de saber e manancial de sabedoria, os reis medievais precisavam conhecer os livros sagrados e, para isso, tinham de saber ler. Os padres cristãos sabiam manejar livros, pois a palavra de seu Deus se encontrava impressa nos textos. O rei, sendo sagrado, devia conhecer as letras e destinar um de seus filhos a ser educado para ser bispo, para auxiliá-lo na magistratura.

Carlos Magno foi um desses reis um pouco mais letrados, e os soberanos do ano 1000 o imitaram.

> Fizeram questão de que os mosteiros e as igrejas catedrais fossem bem providos de livros e de mestres. Desejaram estabelecer no seu palácio o melhor dos centros escolares. Entre os filhos da aristocracia que passavam na corte a juventude, importava que aqueles que não usariam as armas e que seriam estabelecidos nas mais altas dignidades da igreja encontrassem junto ao rei o alimento intelectual que lhes era indispensável. A escola estava, por consequência, estreitamente ligada à realeza do século XI. Finalmente, por duas razões, porque o monarca se considerava como sucessor dos Césares, e mais ainda porque Deus, na escritura traduzida por São Jerônimo, se exprime na linguagem de Augusto, a cultura que as escolas reais difundiam não era a atual nem a indígena (local). Transmitia uma herança a que gerações reverentes tinhas ciosamente salvaguardado na noite e nas ruínas da Alta Idade Média, de uma idade de ouro, a do Império latino. Era clássica e mantinha a recordação de Roma.
> Quantos homens puderam aproveitar essa instrução? Em cada geração, algumas centenas, alguns milhares talvez – e ao nível superior nunca acederam mais que algumas dezenas de privilegiados, dispersos por toda a Europa, separados por enormes distâncias, mas que, no entanto, se conheciam, correspondiam entre si, trocavam manuscritos. A escola eram eles próprios, os poucos livros que tinham copiado por sua mão ou que haviam recebido de seus amigos e, em redor deles, um pequeno grupo de auditores, de homens de todas as idades que tinham atravessado o mundo e desafiado os piores perigos para passar algum tempo junto desses mestres e ouvi-los ler. Todos pertenciam à Igreja. (Duby, 1979, p. 29-30)

Esses difíceis tempos da história europeia foram agravados

pelas invasões de tribos germânicas que destruíram o poder de Roma, no norte da Europa, e invadiram a Grã-Bretanha, mas se detiveram no mar da Irlanda. Vários eruditos e literatos da Inglaterra e do continente europeu se refugiaram na ilha e, entre os séculos VI e VIII, a Irlanda foi um posto avançado de civilização em uma Europa que vivia seus dias difíceis de penúria e isolamento. Nesse período surgiu um filósofo importante, vivendo justamente na Irlanda: João Escoto, ou João Escoto Erígena (810-877). Era um defensor da razão e argumentava que o raciocínio correto não podia levar a conclusões falsas. Tentou demonstrar racionalmente todas as verdades da fé cristã, o que provocou suspeição oficial de sua obra, pois, se ela estivesse certa, tanto a fé como a revelação divina seriam desnecessárias.

4.4 A filosofia pode provar a existência de Deus?

Essa foi uma pergunta crucial em boa parte da história da filosofia. Existiam três argumentos que tentaram provar a existência de Deus: o argumento teleológico, que dizia que o universo possui desígnio e propósito; o argumento cósmico, que sustentava que a simples existência do universo pressupõe que ele tenha sido criado; e o argumento ontológico, provavelmente criado por Santo Anselmo (1033-1109), que afirmava que o maior e mais perfeito ser precisa existir.

Atualmente, faz-se uma distinção muito clara entre os discursos artístico e religioso e filosófico e científico. A existência de Deus não pode – ou não deve – ser provada pela filosofia ou pela ciência; a existência de Deus é uma questão de fé, uma questão teológica.

Não poder provar a existência da divindade não significa que ela não exista; isso apenas quer dizer que ela não pode ser demonstrada racionalmente. Isso é importante nas escolas públicas, nos países onde a religião é separada do Estado, no sentido de se garantir uma educação laica, mas respeitando a liberdade religiosa. O mesmo acontece nas escolas confessionais. Uma instituição pode ser mantida por católicos, protestantes, espíritas, budistas, islâmicos ou judeus, mas, sendo uma instituição educacional, deve respeitar as diversas crenças das pessoas, inclusive a possibilidade do ateísmo ou do pensamento agnóstico, "a ideia de que uma proposição não é conhecida e que talvez não se possa saber se é verdadeira ou falsa. O termo aplica-se particularmente às doutrinas teológicas" (Blackburn, 1997, p. 7).

4.5 O mundo moderno

A modernidade é uma palavra utilizada em diversos contextos e sentidos. O "homem moderno" remete a uma visão dinâmica, inovadora e até mesmo aventureira do ser humano.

> Filosofar é pensar sem provas, mas não de qualquer maneira. É pensar mais longe do que se sabe, mas não contra os saberes disponíveis. É confrontar-se com o impossível, mas não atolar no ridículo ou na tolice. É enfrentar o desconhecido, mas não encerrar-se na ignorância. Quem não vê que, hoje, as ciências nos ensinam mais sobre o mundo e sobre o vivente que os filósofos? (Comte-Sponville; Ferry, 1999, p. 495)

A modernidade não aparece de repente na história como um portal que se abre repentinamente para novos mundos e estilos de vida. É um processo lento que se inicia com o desenvolvimento da técnica das navegações, do comércio, do aperfeiçoamento dos métodos de construção civil, do cálculo matemático e, principalmente, da experimentação. O sentido da experiência foi um dos grandes saltos entre o mundo medieval e o mundo moderno. Está aí a origem do pensamento científico.

No mundo medieval, a filosofia estava subordinada à teologia, ou seja, as verdades do mundo e da sociedade estavam dadas desde os tempos dos filósofos gregos, devidamente cristianizados pela patrística e pela escolástica. Experimentar podia significar duvidar e a dúvida era a porta de entrada da heresia, do pecado e da condenação pelos tribunais civis e religiosos da época.

Mas o pensamento humano acumula conhecimento e seria apenas questão de tempo para que as experiências, no início feitas em porões discretos ou em edifícios afastados do convívio humano, mostrassem que o pensamento antigo era realmente precioso, mas continha algumas lacunas que precisavam ser repensadas.

> Existe uma diferença clara entre a ciência moderna e seus precursores: a interação de observação e explicação era muito menos importante no passado. Hoje em dia, uma teoria só é considerada como explicação se puder ser testada através de observações ou experimentos, com o auxílio, se for necessário, de medidas mais sensíveis do que os sentidos humanos permitem. Outra novidade da abordagem moderna é que todo fenômeno – a existência do universo, a presença de vida na terra, o funcionamento do cérebro – exige uma explicação natural. (Maddox, 1999, p. 14)

Se havia aquilo que hoje denominados de *ciência* surgindo no cenário humano, evidentemente esse pensamento científico influenciaria cada vez mais a filosofia. E foi realmente o que aconteceu. O pensamento moderno implica a formação e consolidação do pensamento científico, a reestruturação de uma visão de mundo e o surgimento de teorias filosóficas cada vez mais afastadas dos gregos clássicos e da Igreja Católica. Aliás, a própria hegemonia católica foi ameaçada por uma série de divisões dentro do cristianismo, possibilitada pela revolução de Martinho Lutero e seus seguidores, ou simplesmente pelo confronto materialista do mundo científico que nesse momento nascer.

Para melhor entender a modernidade

O termo *modernidade* foi lançado por **Charles Baudelaire** (1821-1867) no artigo *Le peintre de la vie moderne*, publicado em 1863. O termo teve um sucesso inicial restrito aos ambientes literários e artísticos da segunda metade do século XIX e foi amplamente difundido após a II Guerra Mundial. Para Baudelaire, a modernidade está ligada à moda, ao dandismo, ao esnobismo. A modernidade encontrou seu filósofo em **Henri Lefebvre**, que distingue *modernidade* e *modernismo*: "A modernidade difere do modernismo, tal como um conceito em via de formulação na sociedade difere dos fenômenos sociais, tal como uma reflexão difere dos fatos... A primeira tendência – certeza e arrogância – corresponde ao Modernismo; a Segunda – interrogação e reflexão já crítica – à Modernidade. As duas, inseparáveis, são dois aspectos do mundo moderno." (in **Le Goff**, Jacques. *História e memória*. Campinas: Unicamp, 1994, p. 189-190).

"O tema (modernidade) segue imerso em uma nebulosa conceitual. Espíritos mais ousados chegam a recuar ao paleolítico para nele ver surgir a modernidade, outros preferem indicar épocas mais recentes, como a Renascença ou a Reforma; muitos, o século XVIII, a Era do Iluminismo; a maioria inclina-se a preferir a revolução, fixando-se no século XIX" (**Souza**, 1994, p. 15).
Marshall Berman, em *Tudo o que é sólido desmancha no ar* (São Paulo: Companhia das Letras, 1986), trouxe mais teorias sobre o nascimento da modernidade. No prólogo ele já define a sensação de ser moderno: "[...]é viver uma vida de paradoxo e contradição. É sentir-se fortalecido pelas imensas organizações burocráticas que detêm o poder de controlar e frequentemente destruir comunidades, valores, vidas; e ainda sentir-se compelido a enfrentar essas forças, a lutar para mudar o seu mundo transformando-o em nosso mundo" (p. 13). Berman dividiu sua análise em 3 períodos: do século XVI ao fim do século XVIII; da Revolução Francesa até o século XIX; o século XX. No século XIX autores como Nietzsche, Ibsen, Walt Whitman, Baudelaire, Melville, Carlyle, Rimbaud, Stirner, Dostoiévski e outros trabalham o conceito de modernidade. No século XX a lista é infindável. Berman analisa o *Fausto* (escrito entre 1808 a 1833), de Goethe, e o *Manifesto do partido comunista*, de Marx e Engels (1848), as transformações realizadas pelo prefeito Haussmann em Paris entre 1859 e 1870; as obras da cidade de São Petersburgo iniciadas pelo Czar Pedro I em 1703; e as mudanças de New York nos anos 1950.

Fausto e a modernidade

Para Berman e Spengler há uma figura importante que é usada como exemplo do homem moderno: Fausto, o principal personagem descrito por Goethe na obra do mesmo nome. Roger Shattck em seu livro *Forbidden knowledge* (New York: St. Martin's Press, 1996) explica as razões. Para ele só existem dois mitos ocidentais relevantes depois de Cristo: o mito do Rei Arthur e seus cavaleiros e o mito de Fausto (**Shattuck**, 1996, p.100-107). Spengler é o responsável pela popularização da expressão "homem fáustico". Berman denomina Fausto de "tragédia do desenvolvimento". É o princípio do excesso e o pragmatismo desenvolvimentista que permeiam a ideia do "homem fáustico". Ele, como o homem moderno, tem uma perpétua busca além de qualquer satisfação humana. Fausto se diferencia de outras figuras místicas. Ele não roubou o fogo, como Prometeu, e nem fundou uma cidade, como Caim. Ele é aquele que age sem escrúpulos; só o que ele contempla é que possui consciência. Fausto pode ser articulado sob a forma desse paradoxo moral: experiência é o único caminho para o conhecimento humano, ainda que qualquer experiência, quando submetida à reflexão, possa trazer o sentimento de culpa.

Fonte: Machado; Trigo, 2006.

4.5.1 As bases científicas da modernidade

A era moderna nasceu sob a influência da ciência, uma nova atividade intelectual humana que, aos poucos, sobrepujou a filosofia e ofuscou a teologia como saber capaz de explicar, interpretar ou transformar o mundo.

As viagens marítimas exigiram novos conhecimentos de matemática e astronomia para possibilitar a navegação longe da costa e de pontos terrestres de referência, conhecimento que já existia de maneira mais ou menos incipiente graças às navegações pelo mediterrâneo, mas as viagens transoceânicas exigiam uma maior precisão, além de técnicas mais elaboradas de construção naval.

Esses novos conhecimentos abalaram as bases cosmológicas do conhecimento clássico. Na época dos gregos antigos, o sistema de astronomia vigente se denominava *ptolomaico*, por causa de Ptolomeu, um astrônomo que viveu em Alexandria no século II d.C. Ele escreveu um primeiro tratado abrangente e organizado sobre astronomia, intitulado *Almagesto*, que permaneceu como base da astronomia europeia até o século XVI. O sistema afirmava que a Terra, uma esfera solta no espaço, era o centro do universo, com os planetas e estrelas movendo-se ao seu redor em círculos concêntricos. Esse sistema se articulava perfeitamente com a visão cristã medieval de mundo, pois Deus teria feito a Terra como o centro do universo e o homem, criado à sua imagem e semelhança, como senhor desse mundo.

Em termos mentais e religiosos, esse sistema era bastante confortável, mas em termos matemáticos havia algumas incongruências difíceis de explicar.

No século XVI, um monge chamado **Nicolau Copérnico** (1473-1543) demonstrou que muitas das dificuldades matemáticas simplesmente desapareceriam se fosse considerada a hipótese de que o Sol fosse o centro e que os planetas giravam ao seu redor. Uma inversão completa de um sistema ensinado pela Igreja por mais de mil anos. Copérnico sabia que suas teorias causariam, no mínimo, polêmicas profundas, portanto postergou a publicação de sua obra, *Sobre as revoluções das esferas celestes*, até o ano de sua morte. Seus receios eram fundamentados, pois tanto os católicos como os protestantes ficaram ofendidos com sua teoria.

O problema era uma questão da autoridade das Sagradas Escrituras que, segundo a interpretação (hermenêutica) da época, julgavam que os textos colocavam a Terra como centro do universo, como no Salmo 93 um trecho afirma (dirigindo-se a Deus): "O **Senhor** reina; está vestido de majestade. O **Senhor** se revestiu e cingiu de poder; o mundo também está firmado, e não poderá vacilar". Se a nova teoria estivesse certa, isso significaria que a interpretação do texto estava equivocada. Se houve equívoco em um ponto, poderia haver em outros. Abria-se uma fenda no edifício aparentemente monolítico da autoridade eclesiástica, que pretendia ter o monopólio de uma verdade da época.

Uma outra consequência dessas ideias heliocêntricas era a remoção do homem como centro do universo. Se nem a Terra e nem o homem eram o centro do universo, então as autoridades não podiam mais ser consideradas infalíveis e detentoras da "verdade" universal. Porém, se nenhuma autoridade era infalível, tampouco Copérnico o era. Estava aberta a porta para os princípios científicos baseados nas "conjecturas e refutações" (título de uma das obras de Karl Popper, um filósofo contemporâneo da ciência).

Os astrônomos **Tycho Brahe** (1546-1601) e **Johannes Kepler** (1571-1630) contestaram alguns pontos da teoria de Copérnico e avançaram nos estudos sobre medidas astronômicas, e Kepler destruiu a noção copérnicana de que os movimentos dos corpos celestes eram circulares e uniformes. De acordo com o cientista alemão, os planetas se movem em elipses e suas órbitas possuem algumas pequenas irregularidades. A ordem universal não era tão precisa e harmônica como se pensava.

Essas descobertas derrubavam a suposição de que os movimentos celestes eram simétricos e belos como a antiga estética grega preconizava e que o pensamento medieval assumia como verdade incontestável.

Era apenas questão de tempo para que um conflito entre o pensamento religioso cristão e o pensamento secular fosse deflagrado.

A mudança profunda do pensamento medieval para o pensamento moderno ocorreu com as descobertas do cientista italiano **Galileu Galilei** (1564-1642). Ele foi um dos fundadores da moderna ciência e afirmou que a Terra girava em torno de seu próprio eixo e em torno do Sol, afirmações já feitas quase um século antes, mas que ainda não podiam ser livremente proferidas por causa da rigidez e ortodoxia do pensamento religioso medieval. Galileu sofreu duas condenações da Santa Inquisição, o tribunal eclesiástico católico que controlava as ideias supostamente heréticas. Uma condenação foi privada, em 1616, e a outra foi pública, em 1633. Para salvar sua vida, Galileu se retratou perante o tribunal e se comprometeu a nunca mais afirmar a ideia herética de que a Terra se movia. Conta a lenda que, ao afastar-se do local onde assinara a retratação, ele murmurou: "E, no entanto, ela se move".

A lista dos avanços científicos realizados por Galileu é extremamente significativa:

- » se não inventou o telescópio, foi o primeiro a observar as estrelas com ele;
- » descobriu o princípio do pêndulo e revolucionou a indústria dos relógios de precisão;
- » descobriu que todos os corpos caem na mesma velocidade a despeito de seu peso, desde que não sofram interferência de outra pressão;
- » mensurou a velocidade de queda dos corpos e observou que sua aceleração se dá em um ritmo uniforme de 3,6 metros por segundo;
- » demonstrou que todo projétil se move em uma parábola, criando a ciência da artilharia;
- » mostrou que o movimento natural dos corpos celestes não é a elipse ou o círculo, mas a linha reta, a menos que outra força agisse sobre eles;
- » descobriu que, se várias forças diferentes agirem sobre um corpo móvel simultaneamente, o efeito sobre seu movimento é o mesmo que se tivessem agido separada e sucessivamente, lançando as bases da nova ciência da dinâmica;
- » formulou, pela primeira vez, o princípio da objetividade em ciência, eliminando preconceitos ou proibições baseadas em autoridades civis ou religiosas, um princípio que ainda precisa ser defendido contra ditadores e obscurantistas que pretendem colocar suas ideologias acima dos princípios científicos. (Magee, 1999, p. 66-67);
- » suas corajosas posições contra o princípio de poder e de autoridade, ainda vigentes em sua época, marcam o início do

pensamento científico moderno e simbolizam o início da luta política e cultural contra os dogmas religiosos que se pretendiam acima das reais condições materiais e científicas que estavam sendo descobertas.

Outro marco importante foi **Isaac Newton** (1642-1727), um personagem ainda mais fundamental na história da ciência. De acordo com Magee (1999, p. 67-66), sua genialidade lhe valeu os seguintes méritos:

» analisou corretamente as propriedades da luz;
» inventou o cálculo, em suas bases primordiais matemáticas;
» formulou o conceito de gravidade e discerniu a lei da gravitação;
» reformulou as três leis de Kepler do movimento planetário, que passaram a se chamar de *Leis de Newton*;
» construiu um sistema de física matemática e traçou um quadro preciso do sistema solar na obra *Principia* (1687).

Naquela época ainda não se diferenciava a filosofia da ciência; portanto, o tipo de investigação a que esses primeiros cientistas se dedicavam era denominado *filosofia natural*.

As consequências dessa sucessão de descobertas provocaram as mais profundas mudanças no imaginário, na filosofia e, posteriormente, no surgimento da tecnologia como propulsora dos maiores avanços da humanidade que aconteceriam na Revolução

Industrial. Dois mil anos depois, a intuição de Pitágoras de que todo o universo poderia ser expresso em termos matemáticos era finalmente comprovada. Isso não significava que tudo seria explicado, mas sinalizava que o mundo poderia ser não apenas melhor compreendido, mas também transformado. Restava saber se tal transformação seria para melhor e se ela seria partilhada pela maioria da humanidade.

Porém, a sensação de controle do mundo proporcionada pela compreensão das leis da ciência foi muito forte para os homens modernos. Tradição, hierarquia e autoridade – esses foram os alvos principais da crítica proporcionada pela nova ciência. A hegemonia da Igreja Católica, já comprometida nos países protestantes, sofreu outro revés com os avanços científicos. Com os abalos das autoridades eclesiásticas e da *Bíblia*, veio o abalo à autoridade de Aristóteles, tão caro aos fundamentos do pensamento medieval.

Entre a razão e a experiência, os próximos capítulos da história da filosofia seriam construídos sobre o legado da dúvida, do questionamento e do debate científico.

Para refletir

Existe um tipo de experiência vital – experiência de tempo e espaço, de si mesmo e dos outros, das possibilidades e perigos da vida – que é compartilhada por homens e mulheres em todo o mundo, hoje. Designarei esse conjunto de experiências como "modernidade". Ser moderno é encontrar-se em um ambiente que promete aventura, poder, alegria, crescimento, autotransformação e transformação das coisas em redor – mas ao mesmo tempo ameaça destruir tudo o que temos, tudo o que sabemos, tudo o que somos. A experiência ambiental da modernidade anula todas as fronteiras geográficas e raciais, de classe e nacionalidade, de religião e ideologia: nesse sentido, pode-se dizer que a modernidade une a espécie humana. Porém, é uma unidade paradoxal, uma unidade de desunidade: ela nos despeja a todos num turbilhão de permanente desintegração e mudança, de luta e contradição. De ambiguidade e angústia. Ser moderno é fazer parte de um universo no qual, como disse Marx, "tudo o que é sólido desmancha no ar".

Fonte: Berman, 1987, p. 15.

O Renascimento, a ciência e uma nova posição política preconizada por **Nicolau Maquiavel** (1469-1527), cujos preceitos pregavam que os princípios éticos religiosos deveriam ser substituídos pelo pragmatismo político, lançavam as bases de movimentos sociais profundos.

Evidentemente, a educação sofreria as consequências diretas da ciência e das novas posturas filosóficas. Antigamente restrita aos mosteiros e às catedrais, a educação sairia para as universidades seculares, para os centros de pesquisa e instituições cada vez mais dirigidos por leigos preocupados em garantir que esses novos conhecimentos fossem passados às próximas gerações da maneira mais aberta e eficiente possível.

4.5.2 A modernidade é múltipla

Um fenômeno tão vasto e complexo como a modernidade possui vários autores e focos de análise. Artistas, filósofos, cientistas sociais, economistas e historiadores se debruçaram sobre o abismo da modernidade para procurar entendê-la. Entre contradições e paradoxos, a modernidade – e seu polêmico desdobramento, a pós-modernidade – instalou-se no Ocidente e por todo o planeta, avançando sobre civilizações tão diferentes como a chinesa, a hindu, a islâmica, a ortodoxa, deixando à margem apenas algumas poucas tribos afastadas do contato com outros povos, nas remotas regiões da África, da Ásia, do Oriente Médio e da América Latina, especialmente na Amazônia. Graças à "proliferação" da modernidade, esta gerou a **globalização**, outro fenômeno polêmico e complexo.

Esse homem moderno possui uma história e uma concepção de ser e estar. Vaz (2006, p. 65) elabora uma cronologia precisa do surgimento da modernidade:

> Podemos dizer que a concepção moderna do homem, lentamente elaborada nos séculos medievais e já claramente perceptível em alguns aspectos daquela que foi chamada a renascença do século XII, aspectos que se acentuam ao longo dos séculos XIII e XIV, emerge com seus traços quase completos no século XV e verá esses traços completados e integrados até o século XVIII, quando o chamado homem moderno já ocupa o centro da cena da história e passa a ser a matriz das concepções contemporâneas do homem que se formularão nos séculos XIX e XX.

Para Marshall Berman, a modernidade estende-se até os dias atuais:

- » A primeira fase: do século XVI até o fim do século XVIII – É o período inicial, no qual as pessoas ainda não têm uma ideia clara do que está acontecendo com o mundo ao seu redor.
- » A segunda fase: início na Revolução Francesa, em 1789 – É a grande ruptura e transição entre um mundo clerical e aristocrático e um mundo profano, mais democrático e menos povoado de certezas, pleno de transformações ao longo do século XIX.
- » A terceira e última fase: século XX – Um mundo altamente interligado e ao mesmo tempo fragmentado, sem muita nitidez de seus desafios e perigos, cujo sentido da própria existência humana se torna embaçado ou até mesmo desprovido de significado. Um mundo perigoso e estimulante.

Note como essas duas posturas sobre a modernidade são diferentes, até mesmo na historicidade[1]. Se outros autores forem analisados, as diferenças se aprofundarão. Ao pesquisar as sociedades "pós-industriais", o sociólogo italiano Domenico de Masi encontra mais de trezentas denominações sobre essas formações sociais atuais.

---

[1] Para lembrar e pensar: O paradoxo, a contradição e a dúvida são marcas significativas da modernidade e, ao longo do século XX e início do século XXI, tornam-se cada vez mais instigantes e desafiadores.

4.5.3 O homem moderno

Vários pensadores auxiliaram na construção dessa modernidade. Um deles foi o inglês **Francis Bacon** (1561-1626), um estudioso que promoveu pesquisas nas áreas de direito, política, literatura, ciências e filosofia. Sua educação formal em Cambridge foi marcada por uma oposição ao pensamento de Aristóteles e por uma defesa da ciência emergente. Em termos educacionais, Bacon é importante por ter tentado influenciar o rei Jaime I a criar uma instituição real que abrigasse uma faculdade para o estudo das ciências experimentais e tentou estabelecer cátedras da nova ciência em Oxford e Cambridge. Durante sua vida, seus intentos aparentemente foram em vão, mas quando Carlos II fundou a Royal Society, em 1662, a maioria de seus membros era baconiana e considerava Francis Bacon o patrono da instituição.

Começava, assim, uma nova tradição na formação e pesquisa educacional, direcionada aos estudos científicos. Bacon foi um dos pesquisadores e divulgadores do método científico, aprimorando os conceitos de indução e dedução. Criticou a lógica de Aristóteles como sendo uma ferramenta imprópria para as descobertas científicas.

Outro filósofo inglês significativo para a modernidade foi **Thomas Hobbes** (1588-1679). Estudou em Oxford e teve acesso às melhores bibliotecas inglesas. Viajou e teve contatos pessoais com Bacon, Galileu, com o filósofo Descartes e o matemático Gassendi. Era um homem de seu mundo, viajado, aberto às novas ideias e foi um dos primeiros materialistas em um tempo no qual negar a ideia de Deus era um atrevimento criminoso. Sua obra mais famosa é *Leviatã* (1651), sobre a situação de medo e opressão em que viviam os homens sob os regimes políticos, afirmando que esses cidadãos amedrontados e oprimidos deveriam ter alguma garantia de sobrevivência e proteção.

O racionalismo da época atingiu seu ápice com o pensamento de **René Descartes** (1596-1650), famoso pelas suas obras *Discurso do método* (1637) e *Meditações* (1641). O mundo deixava de ser um corpo dotado de um princípio imanente de movimento, como preconizava Aristóteles, para se tornar uma máquina capaz de ser analisada pela razão e reproduzida na forma de um modelo matemático. O homem faz parte dessa máquina e apenas a presença de seu "espírito", manifestado pela linguagem, por exemplo, o diferencia do "animal-máquina". Descartes fez uma inversão importante na filosofia de seu tempo. Para Aristóteles, o progresso da filosofia se dava da física para a metafísica. Descartes entendia que o processo se dá ao contrário. Seu método, denominado *cartesiano*, aplica-se primeiramente ao fundamento último da certeza, o que conduz à metafísica da qual procede dedutivamente a física.

É a continuidade do processo de deslocamento da terra e do homem como centro do universo e a preponderância dos princípios científicos, representados pela física, sobre os antigos princípios eternos ou absolutos, representados pela metafísica. Em sua teoria, o "espírito", a razão, separa-se do corpo não para se elevar à contemplação ao mundo das ideias, como Platão afirmava, mas para melhor conhecer e dominar o mundo onde vive. Há uma nova ideia de razão, articulada com o mundo e a sociedade na qual esse homem se insere. A antiga escolástica cedeu lugar à matemática.

A evolução de Descartes, na filosofia, e a revolução de Galileu, na ciência, possibilitaram o surgimento das chamadas *ciências do homem no século XVII*. Esse movimento foi denominado *classicismo*, movimento marcado por um moralismo e por um humanismo dedicado a entender profundamente o ser humano.

As ciências humanas surgiram sob a marca do mecanicismo, da lógica da nova física mecânica, posteriormente aplicada ao mundo industrial. "As duas grandes vertentes do racionalismo, o racionalismo puro e o racionalismo empirista, inspiram as duas grandes concepções do método, a dedutiva, privilegiando as operações de análise e explicação, e a indutiva, dando primazia à síntese e à classificação" (Vaz, 2006, p. 82).

As próprias ciências da vida (atualmente denominadas *biológicas*) do século XVII se inspiraram no conceito do homem-máquina, que Descartes já propusera ao ser humano no *Tratado do homem* (1632). A história e a classificação dos seres vivos, animais e vegetais, que desde Aristóteles não tinham avançado significativamente, sofreram reformulações no século XVIII no sentido de melhor compreender a variedade e disseminação da vida pelo planeta.

Tais mudanças contribuíram para o início da primeira revolução da nova classe emergente, a burguesia, em plena Inglaterra que se industrializa, no século XVII, processo histórico popiciado pelos seguintes fatores:

> » acúmulo de riquezas proporcionado pelo nascente capitalismo comercial e as navegações rumo às terras mais distantes da Europa, repletas de recursos naturais;
> » tradição de ideias empíricas no Reino Unido;
> » separação progressiva da influência católica;
> » possibilidade do desenvolvimento das primeiras tecnologias de aço, carvão e máquinas a vapor aplicadas à tecelagem

industrial;

» navegação marítima, ferrovias e estruturas metálicas que criavam padrões diferenciados de construção e equipamentos mecânicos.

Está pronto o cenário para a mais conhecida revolução da modernidade, que transformará a aristocrática e católica França em uma importante república que disputará, com a Inglaterra, a hegemonia europeia.

Os três principais pensadores que influenciaram a Revolução Francesa foram Voltaire (1694-1778), Denis Diderot (1713-1784) e Jean-Jacques Rousseau (1712-1778). Sua influência não foi sentida apenas na França, mas em todo o Ocidente.

Voltaire recebeu uma educação clássica esmerada das mãos dos padres jesuítas, mas ingressou no caminho da sátira literária e posteriormente teve grande sucesso como dramaturgo. Seus textos e peças eram suficientemente críticas para lhe valer prisões e exílios. Após a segunda prisão, na Bastilha, passou dois anos na Inglaterra, quando experimentou viver sob uma lei estatal e uma igreja menos repressiva e muito mais tolerante do que na França e, em grande parte, em todo o continente europeu. Estudou a ciência de Newton e a filosofia liberal de Locke e divulgou essas novas ideias na França por meio de peças teatrais, romances, panfletos, cartas ao povo e obras históricas. Um de seus princípios era de que nossas crenças precisam de provas para serem sustentadas, um golpe duro na autoridade do Estado e da Igreja, na medida em que a investigação racional derrubava grande arte de regras, leis e costumes tradicionais. Na vida intelectual, seja cultural ou educacional, os liberais defendiam o uso da razão e o direito de discordância do indivíduo diante da tradição e da autoridade. O conformismo e a obediência foram práticas duramente criticadas pelos liberais. Esse período, no qual a luz da razão iluminava as trevas do obscurantismo e da repressão contra o pensamento crítico e a dúvida legítima, foi conhecido como *Iluminismo* e se disseminou pela Europa Ocidental como uma lufada de brisa fresca em porões mentais fechados e rançosos por séculos de estagnação intelectual.

Voltaire não era um revolucionário que pregava a violência para derrubar o regime monárquico francês, conhecido como *ancien régime*, mas suas ideias foram usadas como armas pelos revolucionários.

Diderot também recebeu uma excelente educação dos jesuítas, antes de se rebelar contra eles. Convencido de suas ideias embasadas na matemática, nas ciências e no estudo de línguas, viveu algum tempo na pobreza e no desconhecimento. Começou a se tornar conhecido pela tradução de obras do inglês para o francês e publicou *Pensamentos filosóficos*, em 1746. Na mesma época, aliou-se às equipes que organizavam a obra de grande impacto do Iluminismo, a **Enciclopédia**. Era um projeto pequeno de traduzir a *Cyclopedia* de Chambers do inglês para o francês, mas se tornou uma empreitada completamente diferente e ampliada. Diderot foi seu editor, publicando-a em 35 volumes até o ano de 1772. O eixo filosófico da obra foi totalmente baseado no empirismo e no liberalismo inglês, especialmente em Francis Bacon, Isaac Newton e John Locke. A imensa e significativa obra negava implicitamente a educação religiosa como fonte válida de informação sobre o mundo e, por consequência, negava a autoridade da Igreja e da *Bíblia*, bases nas quais os ensinamentos eclesiásticos e monárquicos se assentavam.

Grande parte dos maiores intelectuais franceses da época participou dessa empreitada de construção e sistematização do conhecimento moderno. Mais de 4 mil coleções de sua edição original foram vendidas e o fato de Paris ser um importante centro cultural foi decisivo para a disseminação desse conhecimento por toda a Europa e por algumas colônias europeias pelo mundo, onde, no futuro, seriam embasadas as ideias de libertação colonial e independência política, como, por exemplo, nas Américas. Em 1759, a obra foi proibida por decreto real, mas a equipe trabalhou secretamente para terminar a publicação dos volumes previstos.

Rousseau (1712-1778) era suíço, nascido em Genebra. Com a morte de sua mãe, após o parto, viveu em vários lugares, teve vários empregos e cinco filhos ilegítimos de uma empregada bastante simples. Participou da *Enciclopédia*, colaborando com verbetes na área de música. Publicou várias obras importantes: *Discurso sobre as ciências e as artes* (1750); *Discurso sobre as origens e fundamentos da desigualdade* (1754); *A nova Eloísa, Emílio, O contrato social* (todos entre 1761 e 1762) e *Confissões* (publicada postumamente).

Rousseau era um crítico da civilização; prezava os instintos naturais e os sentimentos em detrimento da razão e acreditava que uma sociedade humana é um ser coletivo com uma vontade geral diferente das vontades individuais e que o indivíduo precisa dobrar-se à essa vontade. Sua colaboração na educação é importante, sendo considerado o "pai" da pedagogia contemporânea. De acordo com Cambi (1999, p. 343), suas colaborações nessa área foram:

» colocar a criança no centro de sua teoria;
» opor-se a todas as ideias de sua época em matéria educativa,

desde o uso de fraldas até o primado da formação moral;
- » elaborar uma nova imagem da infância, próxima do homem por natureza – bom, piedoso, autônomo e com etapas diferentes de desenvolvimento, da infância à adolescência;
- » teorizar vários modelos educativos, sendo os dois mais importantes destinados ao homem e ao cidadão, ciente de suas reais necessidades em contraposição às necessidades consideradas supérfluas e fruto de uma sociedade de desperdícios.

Em Rousseau, a política e a pedagogia estão intimamente ligadas. A sociedade é fonte dos males e da cura do ser humano. A educação deve emanar do ambiente social, mas próximo de uma "natureza" que é entendida como oposição ao social, como valorização das necessidades espontâneas das crianças e dos processos livres de crescimento e como contato com um ambiente não urbano, considerado mais genuíno. Uma infância específica e autônoma, bem diferente da idade adulta, acompanhada por um bom preceptor e longe das grandes cidades – aí está a origem de parte do imaginário ocidental sobre uma educação ideal e saudável.

As cinco etapas do início da vida humana, relatadas no *Emílio*, são: idade infantil, puerícia (dos três aos doze anos), "idade do útil" – ou pré-adolescência, como denominaríamos hoje –, adolescência e o final feliz, com a união de Emílio com Sofia, o momento em que ele próprio se prepara para ser pai. Na quinta etapa (ou livro), Rousseau elabora uma educação para a mulher, exaltada como modelo de virtude e sabedoria, mas deixada em segundo plano, tendo pela frente a única opção de ser esposa e mãe, "casta, submissa e laboriosa". É um modelo discriminatório, machista e indiferente às primeiras manifestações de emancipação feminina, um ponto crítico da teoria de Rousseau.

Um de seus seguidores pedagógicos mais conhecidos foi o pastor suíço **Johann Heinrich Pestalozzi** (1746-1827). Sua grande obra pedagógica foi um romance publicado em 1781, com o nome de *Leonardo e Gertrude*, precedido pelos aforismas de *Os serões de um solitário*, de 1780. Seu pensamento pedagógico juvenil se fundamentou nos princípios de Rousseau da educação segundo a natureza, da educação familiar e das finalidades éticas da educação. Trabalhou com a educação profissional dirigida à agricultura, com um instituto destinado a órfãos e desenvolveu amplas teorias educacionais envolvendo experiências pessoais, viagens, estudos diversificados e convivência humana intensa.

> A grandeza de Pestalozzi reside na experimentação educativa constantemente retomada e aprofundada, e também na precisa finalidade antropológica e política que reconhece para a atividade educativa e a reflexão pedagógica. Podemos dizer que Pestalozzi, melhor que Rousseau, colhe a pedagogia e a educação em toda sua problematicidade, e também na sua centralidade e densidade históricas. (Cambi, 1999, p. 420)

Da primeira sistematização biológica de Aristóteles até a decodificação do genoma de várias espécies, inclusive do homem, um longo caminho foi percorrido. Mas nem todas as dúvidas esclarecidas:

> Hoje sabemos quando a vida apareceu na superfície da Terra, mas não como começou. Os astrônomos já estão fazendo algumas tentativas sérias para identificar planetas de outros sistemas solares que sejam capazes de

abrigar seres vivos. Como poderemos dizer se um planeta é capaz de sustentar a vida se ainda não sabemos como ela surgiu espontaneamente no nosso próprio planeta? (Maddox, 1999, p. 123)

Os trabalhos científicos do francês Louis Pasteur (por volta de 1860) e a obra clássica de Charles Darwin, *A origem das espécies* (1858), transformaram definitivamente as antigas concepções de criacionismo (a ideia de que a vida foi diretamente criada por Deus, segundo a antiga concepção judaico-cristã) e as teorias da geração espontânea (a vida sendo criada a partir de matéria inanimada). Mas persiste a questão de como a vida começou e se há vida inteligente em outros planetas, entre muitas outras dúvidas científicas relevantes. Existe uma posição científica que afirma ser apenas questão de tempo, de um método de pesquisa e de recursos adequados para que todas as lacunas do conhecimento sejam devidamente compreendidas e eliminadas pela ciência. É uma posição aberta. Até o presente momento, a pesquisa científica tem se deparado com limites, apesar dos imensos avanços realizados nos últimos três séculos (conforme a lista das inquietações científicas relatada no capítulo 1, na seção "E o que temos a ver com isso?").

Outros campos que se abriram ao conhecimento foram a lógica simbólica e as ciências da linguagem, estruturando as bases das futuras ciências da informática e da computação, da semiologia e das teorias da comunicação.

O racionalismo empírico foi uma reação britânica ao racionalismo puro, que desprezava os sentidos e fundamentava a confiabilidade do conhecimento exclusivamente no uso da razão. Entre esses dois extremos de concepção epistemológica, formou-se um profundo dilema que só seria resolvido pelo filósofo alemão Imannuel Kant (1724-1804). Os principais **empiristas** foram **John Locke** (1632-1704), **George Berkeley** (1658-1753), **David Hume** (1711-1776) e **Edmund Burke** (1729-1797).

Data dessa época a implantação das escolas de engenharia e mecânica, primeiramente na Inglaterra e depois por toda a Europa e por várias de suas colônias no mundo. O ensino passa a se dedicar às práticas e técnicas aplicadas ao uso, desenvolvimento e aprimoramento dos recursos industriais.

4.6 As igrejas cristãs e a educação

As mudanças filosóficas e sociais ao longo dos últimos séculos afetaram profundamente a Igreja Católica. Supunha-se que haveria uma única igreja verdadeira e universal, ou seja, "católica, apostólica e romana"; no entanto, já no início do século XI ocorreu o primeiro cisma (divisão) na cristandade, com a separação da Igreja Ortodoxa (oriental) da Igreja Romana. No século XIV, surge o movimento de reforma político-religiosa, conhecido como *Reforma Protestante*, liderado por **Martinho Lutero** (1483-1546). Lutero fez sua reforma baseado na repugnância que sentiu pela corrupção da hierarquia católica, vista em uma viagem feita à Roma, em 1510.

Tendo rompido com a Igreja Católica, Lutero teve de adaptar não apenas os sistema jurídico-político de sua nova estrutura eclesial, mas também o sistema educacional, que estava totalmente atrelado à antiga hierarquia. Sua concepção pedagógica valorizava a instrução universal, para que todos os homens pudessem cumprir seus deveres sociais e religiosos. Ainda se tratava de uma visão patriarcal, marcada pelo desejo de os homens governarem bem e as mulheres cuidarem de suas casas e filhos, mas avançou no sentido de estender essa educação à toda a população e não apenas às classes privilegiadas da nobreza e do clero. A escola, segundo Lutero, seria organizada em quatro setores: línguas (latim, grego, hebraico, alemão); obras literárias (pagãs e cristãs); ciências e artes; jurisprudência e medicina. Toda escola deveria ter uma biblioteca e bons mestres. Teve início, principalmente na Saxônia, uma colaboração entre a nova igreja reformada e as autoridades civis, o que beneficiou a implantação de algumas escolas secundárias financiadas e controladas pelo Estado, os denominados *ginásios*.

Felipe Melanchton (1497-1560), chamado de *preceptor da Alemanha*, elaborou as estruturas administrativas e os conteúdos culturais para as escolas secundárias da Reforma e auxiliou em alguns conteúdos de cursos universitários, implantando a matemática, a filosofia e a literatura, tendo em vista uma religião culta e eloquente.

João Calvino (1509-1564) foi outro personagem importante na educação direcionada às igrejas reformadas. Assim como Lutero, ele acreditava que a salvação do homem estava na Palavra de Deus (nas escrituras), porém insistia na predestinação dos eleitos, de acordo com um desejo imperscrutável de Deus. Esse desejo tiraria os homens da inércia e os conduziria à operosidade, à responsabilidade pessoal e ao trabalho, o que fez de Calvino um homem do mundo moderno por antecipação. Fugindo da França, perseguido pelos católicos, ele se refugiou na Suíça. Assumiu o governo da cidade de Genebra, em 1541, e instituiu um programa de reformas sociais e religiosas, no qual a educação possuia um papel importante.

A Igreja Católica sentia a necessidade da renovação, face ao avanço das igrejas reformadas e à constatação da necessidade de mudanças profundas em sua própria estrutura. O **Concílio de Trento** (1546-1563) confirmou os pontos essenciais da doutrina católica, definindo novas tarefas aos eclesiásticos e impulsionando os estudos bíblicos e teológico-filosóficos, criando ordens religiosas para conter o avanço dos protestantes e para difundir o catolicismo nas Américas. No entanto, a Igreja encontrou resistências em vários lugares e os avanços foram lentos e limitados em vários locais onde o conservadorismo imperava e dificultava os avanços e mudanças. A educação é um ponto importante a ser discutido e Silvio Antoniano (1540-1603) publicou em Verona, em 1583, uma trilogia sobre educação intitulada *Dell'educazione cristiana e politica dei figliuoli*.

Porém, a parte fundamental da Contrarreforma Católica, no que se referiu à educação, foi a capacidade de incentivar a criação e expansão de novas instituições escolares formadas por colégios e internatos e currículos baseados, em parte, no humanismo clássico.

> Dizemos em parte porque, na elaboração das congregações pós-tridentinas, os elementos de derivação humanística são encaixados em formas organizativas rígidas, perdendo desse modo o papel de ruptura em relação ao passado e o caráter de liberação e exaltação do homem que são aspectos típicos das experiências educativas dos mestres renascentistas. Desde as ursulinas até os barbabitas, os somascos, as escolas piedosas, os oratórios e até a experiência mais ilustre dos jesuítas, afirma-se a tendência a instituir colégios para a formação dos jovens dos grupos dirigentes e para elaboração de programas de estudo com esse objetivo, mas rigidamente inspirados numa visão retórico-gramatical da cultura humanística. (Cambi, 1999, p. 258-259)

As principais ordens religiosas católicas fundadas na época do Concílio de Trento com finalidades sociais, inclusive com destaque para educação, foram as elencadas a seguir:

- » Congregação das Ursulinas: Fundada em Brescia, em 1535, por Santa Ângela Merici (1474-1540).
- » Barbabitas: Fundados por Antonio Maria Zaccaria (1502-1539).
- » Somascos: Fundados em 1532, por São Jerônimo Emiliano (1481-1537).
- » Esculápios: Criados em 1597, por São José de Calazans (1556-1648).
- » Jesuítas, ou Companhia de Jesus: Grupo criado em 1540, por Santo Inácio de Loyola (1491-1556). É a mais importante ordem religiosa criada nessa época. Seus membros possuíam formação pessoal, espiritual e intelectual bem-elaboradas. Suas obras educacionais lançavam as bases da escola laica, moderna e estatal. Ao contrário de outras ordens religiosas católicas, os jesuítas colocaram em prática os ensinamentos do Concílio de Trento, modernizando e incrementando os métodos e a qualidade de educação, seja para jovens, seja para formar irmãos e padres jesuítas. Um lado irônico da história é que os iluministas franceses tiveram uma excelente educação oferecida pelos jesuítas e depois foram contra suas ideias e concepções religiosas.

Um problema grave de várias ordens religiosas católicas, inclusive em sua atuação nas Américas, África e Ásia, foi a utilização de métodos rigorosos de disciplina, punição e meditação, utilizando castigos físicos, humilhações e pressões psicológicas incompatíveis com a doutrina cristã de amor e perdão. Esses castigos e punições eram utilizados por leigos e religiosos e não apenas em escolas católicas, mas também em escolas protestantes em alguns países, e em colégios militares ou profissionais. No caso das escolas católicas, sua utilização foi mais ou menos frequente e comum até o século XX, quando, após o Concílio Vaticano II (1962-1965), tais métodos foram abandonados na maioria dos países ocidentais.

4.7 Kant e o encontro do racionalismo com o empirismo

Immanuel Kant (1724-1804) era metódico, sereno, estudioso, celibatário, além de ser um pensador brilhante e adorável como companhia social e em palestras. Nasceu em Königsberg, na Prússia Oriental, e nunca saiu de sua cidade natal, apesar de ter conquistado fama internacional. Kant foi o primeiro filósofo a exercer a profissão como professor universitário. Começou a publicar aos 57 anos de idade e suas obras marcaram profundamente a história da filosofia. Suas principais obras são: *Crítica da razão pura* (1781); *Prolegômenos* (1783); *Princípios fundamentais da metafísica dos costumes* (1785); *Crítica da razão prática* (1788); *Crítica do juízo* (1790).

Para a filosofia e para a educação, Kant deu uma importante contribuição ao refletir sobre como podemos saber ou adquirir conhecimento. O filósofo superou as dificuldades epistemológicas (da teoria do conhecimento) a respeito da primazia da experiência (empirismo) ou da razão (racionalismo) na produção do conhecimento.

Kant afirmou que podemos aprender com nossos cinco sentidos, nosso cérebro e nosso sistema nervoso central, fato que limita nossa capacidade de aprendizado. O que esse aparelho corporal consegue identificar e analisar constitui uma experiência para nós, mas o que escapa à capacidade de análise jamais será uma experiência, pois não podemos aprender algo que não identificamos. Por exemplo: nosso corpo não vê o espectro de luz abaixo do infravermelho e acima do ultravioleta, não ouve abaixo ou acima de um certo limite de decibéis e não sente vibrações ínfimas da crosta terrestre (perceptível por alguns animais). Podemos utilizar equipamentos artificiais para ver, ouvir, mensurar e sentir esses fenômenos, mas ainda estamos no âmbito humano, pois esses aparelhos foram desenvolvidos pelo ser humano e por ele são lidos, decodificados e interpretados. Mesmo com nossa avançada tecnologia, continuamos a ter limites para o conhecimento. Sabemos que conhecemos uma parte do universo. Sabemos que há partes do universo que não conhecemos. Mas não sabemos o que desconhecemos por sequer imaginar o que existe fora de nossas percepções humanas e tecnológicas. Há dois tipos de limitações para nosso conhecimento: o primeiro é a soma de tudo o que existe, o que compõe a realidade total. O outro limite é o que temos condições (humanas ou tecnológicas) de experimentar. Assim, temos o que existe, independente de nós e de nossa capacidade de experimentar, e o que podemos experimentar efetivamente. Essas duas realidades não são a mesma coisa e, observando o tamanho, a duração e a complexidade do universo, possivelmente o que podemos experimentar é infinitamente menos do que aquilo que existe. Basta revermos a seção "E o que temos a ver com isso?", no primeiro capítulo desta obra, para observarmos o que ainda temos de descobrir, sem contar o que desconhecemos completamente e nem sabemos que não sabemos.

Exemplos disso? Apenas no mundo da ficção, e mesmo assim

correndo o sério risco de não conseguirmos imaginar o todo incognoscível para nós: sistemas solares distantes, com vidas baseadas em biologias completamente diferentes das nossas; processos bioquímicos distintos dos nossos; eventuais lógicas e epistemologias absolutamente estranhas a nós e que talvez sejam comuns a uma eventual civilização alienígena; processos físicos diferenciados; formações estelares absolutamente desconhecidas e indetectáveis por nossos equipamentos; hipotéticos universos paralelos e universos cíclicos; sem contar a possibilidade de transcendência da matéria e a energia além de nossos limites materiais, já resvalando para o campo metafísico ou místico. Kant entendia que o que não conhecemos e não temos condições de conhecer foge completamente do campo da **filosofia** e da **ciência**. Não podemos fazer conjecturas sobre o totalmente desconhecido ou especulações sobre o imaginário ou ficcional, a não ser na **arte** e na **religião**, discursos mais apropriados para esses exercícios de imaginação.

Kant denominou o mundo conhecido e possível de ser experimentado de *mundo dos fenômenos*, sendo o mundo do conhecimento possível para nós. Ao mundo das coisas que são em si mesmas, mas que não podemos conhecer, Kant nomeou de *mundo numênico* ou *transcendental*, termo que indica que esse mundo existe, mas não pode ser registrado na experiência. Kant abriu possibilidades para uma visão mais mística do mundo, porém o afastou da filosofia e da ciência, o que contribuiu para a formulação da postura de que não cabe à filosofia provar – ou não – a existência de Deus e do um hipotético mundo espiritual, conforme visto, na seção 4.4, no tópico "A filosofia pode provar a existência de Deus?". Kant, portanto, não descartava a possibilidade da existência de Deus, mas afirmava a impossibilidade do conhecimento sobre Ele. Ele próprio afirmava que descartou o conhecimento para abrir espaço à fé e, com seu pensamento sistemático e organizador de uma nova fase da filosofia, ele acabou com as antigas provas da existência da divindade.

Ao longo dos primeiros anos do século XXI, alguns cientistas voltaram a discutir se a ciência pode ou não provar, induzir, deduzir ou assegurar, direta ou indiretamente, a existência do transcendental. É uma polêmica destinada à frustração por misturar discursos de conteúdos diferentes, que exigem metodologias e conceitos também diversos para seus diversos campos de conhecimento. Os discursos científico e filosófico possuem um método que pode ser reproduzido, além de conceitos que podem ser provados e conclusões que podem ser compreendidas em um arcabouço lógico e teórico acessível a todas as pessoas que se disponham a estudar seu conteúdo. A arte e a religião possuem outro tipo de discurso, que se fundamenta na sensibilidade, na intuição e na fé (no caso específico da religião).

Essa nova filosofia levou à dessacralização do mundo, com várias consequências para a educação, para a cultura e para as práticas sociais. As religiões constituídas foram separadas do Estado e as sociedades laicas passaram a ter maior liberdade de decisão sobre assuntos de política, cidadania e aspectos éticos e jurídicos. Esse é um embate constante. Mesmo países desenvolvidos ainda continuam a sofrer influência de organizações religiosas na sua organização jurídico-política. A Espanha sofre influência de sua tradição católica; os Estados Unidos possuem grupos evangélicos fundamentalistas que pressionam decisões estatais; Israel, por sua vez, conta com grupos ultrarreligiosos que exigem do Estado posturas de respeito às leis religiosas do *Antigo Testamento*. No mundo islâmico, a influência do *Corão* é ainda mais forte, expressa nas leis religiosas (*sharia*), que influenciam o cotidiano de homens e mulheres. No Brasil, existem pressões de católicos e evangélicos que procuram barrar leis no Congresso Nacional, especialmente no que se refere aos casos de aborto, casamento entre pessoas do mesmo sexo, eutanásia etc. A sociedade civil organizada, nos países ocidentais, tem sistematicamente lutado para separar completamente a religião do Estado, pois suas populações se caracterizam pela multiplicidade de costumes e estilos de vida que não podem ser reduzidos às normas de determinada seita religiosa ou igreja. A educação exerce um importante papel nas sociedades atuais, no sentido de garantir liberdade de pensamento para religiosos ou não religiosos e evitar que um determinado grupo imponha suas ideias ou crenças a toda sociedade.

4.8 O pensamento materialista na filosofia

Por outro lado, essa dessacralização levou ao surgimento de ideias laicas fundamentadas na ciência e na lógica. Um dos mentores dessa linha de pensamento foi o francês **Auguste Comte** (1798-1857), fundador do **positivismo**, filosofia que colocava a sociologia como ciência base para entender e aprimorar a sociedade, em bases afastadas de princípios religiosos ou metafísicos. A ironia é que posteriormente seu pensamento foi conhecido como sendo uma religião positiva, baseada no amor à humanidade e no altruísmo. O pensamento positivista não teve tanta influência na Europa, mas foi bastante estudado e propagado pelos engenheiros e militares de alguns países latino-americanos, principalmente no Brasil. Os projetos de educação de várias escolas técnicas e militares foram moldados na filosofia positivista de Comte e o próprio lema da bandeira brasileira — *Ordem e Progresso* — é de influência positivista.

Mas os grandes pensadores que influenciaram o mundo moderno, afastando-se deliberadamente dos parâmetros religiosos, foram Karl Marx e Friedrich Nietzsche.

Karl Marx (1818-1883) foi um militante antirreligioso desde a adolescência. Seu pensamento teve como bases a filosofia clássica alemã, a economia política clássica inglesa e o socialismo francês. Marx adotou os princípios da dialética do filósofo Georg Wilhelm Friedrich **Hegel** (1770-1831) e os princípios materialistas de Friedrich **Feuerbach**, constituindo, com o jovem inglês Friderich **Engels**, o edifício conceitual do socialismo alicerçado no materialismo histórico ou dialético. Alguns de seus principais postulados, tomados a partir de Hegel, propunham que a realidade do mundo não é um estado de coisas postas, mas um processo histórico permanente; portanto seria fundamental entender a natureza da mudança histórica, que não é aleatória, obedecendo a uma lei dialética composta de tese, antítese e síntese. A alienação mantém essa lei dialética que faz com que cada sucessão de fatos acabe sendo destruída por suas próprias contradições internas. A eliminação dessa alienação possibilitaria que os seres humanos tomassem o destino em suas próprias mãos e fossem os sujeitos de sua história, possibilitando a liberdade e a autorrealização humana baseada em uma sociedade orgânica na qual os indivíduos seriam absorvidos no contexto de um todo social muito maior do que a massa alienada e fragmentada de forma egoísta em sua individualidade e em suas respectivas classes sociais que defenderiam seus privilégios e bens materiais. Esse egoísmo que formou as sociedades através da história, até o capitalismo, seria então substituído pela solidariedade, pela consciência política, pela justiça social e pela racionalidade econômica. Os conceitos de propriedade privada, a exploração da mais-valia dos trabalhadores, o fetichismo das mercadorias e os mecanismos burgueses de dominação seriam substituídos pela consciência de classe proletária e pela evolução socialista que tomaria os bens de produção de riquezas das mãos das classes dominantes e os colocaria à disposição das classes trabalhadoras, os verdadeiros sujeitos da história.

Enquanto as antigas filosofias pretendiam interpretar o mundo, o marxismo se propunha a transformá-lo para o benefício da maioria da população até então alienada e explorada. Essas são as bases do marxismo, um conjunto de teorias que influenciou imensamente a economia, a política, a cultura, as artes e a educação a partir do século XIX. O marxismo se tornou tão influente que, em boa parte do século XX, cerca de um terço da humanidade viveu em regimes políticos socialistas, da ex-União Soviética à China, do sudeste asiático à Cuba, passando pelo Leste europeu. O primeiro país a viver uma experiência socialista foi a Rússia. Da revolução de outubro de 1917 até o colapso do socialismo real na então União Soviética em 1991, um conjunto de 15 países e regiões reunidos sob o domínio militar, político e econômico soviético polarizou as tensões internacionais de forma tão intensa que a história recente conheceu o período chamado de *Guerra fria* (1947-1991), conflito instaurado entre o bloco capitalista ocidental, liderado pelos Estados Unidos, e o bloco socialista, liderado pela ex-União Soviética. Outros países se tornaram socialistas após a Segunda Guerra Mundial (1939-

1945), um período em que a ex-União Soviética se uniu aos Estados Unidos, à França e ao Reino Unido para lutar contra os regimes totalitários da Alemanha, da Itália e do Japão. Em 1949, a China e a Mongólia realizaram suas revoluções socialistas, o sudeste asiático entrou em um período de tensões e instabilidades que culminaram na guerra do Vietnã (1959-1975) e, em 1959, a ilha de Cuba realizou uma revolução, tornando-se socialista e foco de conflito latente na região do Caribe e nas Américas. Atualmente (2009), apenas China, Cuba e Coreia do Norte assumem um regime denominado *socialista*, e a China inovou ao propor um "socialismo de mercado", além de práticas abertamente capitalistas em algumas de suas "zonas econômicas especiais".

As principais obras de Karl Marx são: *A pobreza da filosofia* (1847); *O manifesto comunista* (com Fredrich Engels, 1848); *A luta de classes na França 1848-1850* (1850); *Contribuição à crítica da economia política* (1859); *O Capital* (1867).

Essas novas sociedades socialistas desenvolveram pedagogias próprias, alicerçadas na teoria marxista. Os pontos principais dessa pedagogia eram:

» uma conjugação dialética entre educação e sociedade, segundo a qual toda a educação seria ideológica e a serviço das classes dominantes;
» um estreito vínculo entre educação e política; a centralidade do trabalho na formação humana;
» o valor de uma formação livre da submissão e da alienação de classes;
» a oposição a todo tipo de espontaneidade ou ingenuidade

pedagógica, dando preferência à disciplina e ao esforço de "conformação", próprio de uma educação eficaz.

Lênin foi um dos precursores das mudanças educacionais na Rússia após a revolução de 1917, mas vários pedagogos russos, como **Anton Marakenko** (1888-1939), colaboraram com a criação de novos modelos e experimentos destinados a forjar a nova sociedade socialista que durou até 1991.

Outra importante experiência pedagógica marxista foi desenvolvida pelo italiano **Antonio Gramsci** (1891-1937), que entendeu as novas condições de industrialização e da sociedade de massas e procurou alinhar o socialismo a essas mudanças tecnológicas e sociais que já formavam as bases das futuras sociedades pós-industriais.

Na América Latina, na África e na Ásia, a influência do pensamento marxista foi considerável, inspirando profundamente o pensamento político, econômico, social e pedagógico em várias universidades, partidos políticos (denominados *de esquerda, comunistas, socialistas* etc.), governos locais ou regionais (como o Chile de Salvador Allende, entre 1970 e 1973).

Assim como Marx, **Friedrich Nietzsche** (1844-1900) pensava que não há Deus e que os seres humanos não possuem almas imortais. Preconizava que nossa vida é desprovida de sentido, em um contexto de sofrimento e luta, impulsionada por uma força irracional que ele chamou de *vontade*. Ao contrário de Schopenhauer, pensava que esse mundo era a única parte de um todo e não concordava que devemos nos afastar com desgosto da mundanidade, mas sim viver ao máximo nossas vidas e conseguir do mundo tudo o que pudermos. "A questão central posta pela filosofia de Nietzsche é qual o melhor modo de fazer isso num mundo sem Deus e sem sentido" (Magee, 1999, p. 172).

Filho de pastores luteranos, brilhante aluno que se especializou nos textos clássicos greco-romanos, Nietzsche foi profundamente influenciado pela filosofia de Schopenhauer e pela obra musical de Richard Wagner, dos quais adquiriu independência intelectual, afastando-se progressivamente ao longo dos anos. Tornou-se professor titular com apenas 30 anos de idade, um fato inédito, ainda mais porque seus estudos de filosofia nunca foram formais, mas inspirados na obra e na vida de solidão e simplicidade de Schopenhauer. Sua existência foi marcada por longas viagens pela Suíça e pela Itália, países que o encantavam pelo clima e pela natureza bela e selvagem. Quando ainda estava nos seus 40 anos, foi dominado por uma doença mental provavelmente causada pelos efeitos terciários da sífilis, quadro que se estendeu até sua morte.

Nietzsche propôs uma completa inversão dos valores, algo novo na filosofia, e confrontou diretamente os ensinamentos filosóficos de Sócrates (e o pensamento de Platão e seus discípulos) e os ensinamentos religiosos de Jesus (e de toda a tradição e magistério cristão). Sua crítica envolve as vertentes das tradições gregas e judaico-cristãs sob o aspecto axiológico[2].

Para Nietzsche, o que permitiu a cultura e a civilização foi a constante eliminação dos fracos pelos fortes, dos incompetentes pelos competentes, dos estúpidos pelos astutos. Os líderes guerreiros, os políticos e os empreendedores teriam sido sufocados por um sistema de valores moralista, criado por Sócrates e, posteriormente,

---

[2] Axiologia: Teoria geral dos valores; estudo dos valores.

por Jesus, que os teriam colocado em termos de igualdade com a massa medíocre da humanidade. A moral dos senhores teria se transformado na moral dos escravos e suas características exaltadas como virtudes: servir aos outros, abnegação, autossacrifício.

Na obra *Genealogia da moral*, Nietzsche (1998) elabora a importante crítica sobre o ressentimento, ou seja, dos sentimentos de fraqueza e rancor por parte dos fracos contra os fortes. O ressentido, o ruim, o fraco, não podendo enfrentar o forte de frente, articula meios e armadilhas para derrotá-lo de maneira indireta, insidiosa. Esses valores por ele criticados não teriam sido legados por Deus ou pelos deuses, mas sim por homens escravos que forjaram a religião e seus cânones para subjugar os mais fortes. Para o filósofo alemão, o sacerdote é a personificação do ressentimento e da ruindade ou fraqueza humana, pois ele incorpora e reproduz esses valores. Nietzsche chamava o ímpeto de viver dos líderes naturais (os ousados, os criativos, os destemidos, os bravos) de *vontade de poder*, e aquele que a exerce seria o "super-homem", uma expressão por ele criada e que entrou no vocabulário europeu. O "super-homem" de Nietzsche não tem nada a ver com o personagem de desenhos animados e do cinema *Superman*, criado por Jerry Siegel e Joe Shuster, em 1932, e posteriormente vendido para a DC Comics, em 1938. O super-homem de Nietzsche é aquele que possui vontade de poder para viver de acordo com seus princípios, sua força e seus desejos.

Viver a plenitude da vida, "ousar tornar-se o que você é", poderia ser o primeiro mandamento de uma escola de pensamento baseada em Nietzsche. E cada um assumiria os conflitos e embates resultantes dessa premissa e os fortes dominariam, naturalmente, os fracos. Sem Deus ou deuses, o desafio seria reavaliar a moral e os valores humanos com base nas crenças que genuinamente sustentamos. Desde que Nietzsche colocou esse desafio, ele permanece como a suprema questão ética para aqueles que não mais possuem uma religião, uma questão fundamental para os existencialistas do século XX.

Suas obras se caracterizam por um texto profundo, belo e poético. Além de filósofo, foi um artista, com expressões na prosa, poesia e na música. Suas obras influenciaram poetas como W. B. Yeats, Rainer Maria Rilke, Stefan George, bem como escritores e dramaturgos como Thomas Mann, Hermann Hesse, Bernard Shaw, Luigi Pirandello, André Gide, André Malraux, Albert Camus e Jean-Paul Sartre.

As principais obras de Nietzsche são: *O nascimento da tragédia* (1872); *Humano, demasiadamente humano* (1878); *A aurora do dia* (1881); *Além do bem e do mal* (1886); *A gaia ciência* (1887); *A genealogia da moral* (1887); *Assim falou Zaratustra* (1891).

Nietzsche é autor de frases como *"Deus está morto"* e *"a arte ergue a cabeça quando a religião afrouxa seu laço"*. É um dos autores que marcaram uma época em que as religiões foram criticadas e pretensamente invalidadas por meio de vários argumentos filosóficos e científicos: a crítica da economia política e o socialismo histórico e dialético, de Marx; o desenvolvimento da psicanálise, de Freud e seus seguidores; a proposta do positivismo, de Auguste Comte; a teoria da evolução natural, de Charles Darwin; o existencialismo de Sartre e outros filósofos existencialistas; a própria filosofia forte e altamente questionadora de Nietzsche; todos esses sistemas de pensamento, filosóficos ou científicos, caracterizam-se por um ateísmo em suas mais variadas formas e propostas. Porém, o ateísmo de alguns autores não elimina a ética, os princípios para uma sociedade justa, pluralista e democrática e muito menos os valores humanos inerentes a essa sociedade. O próprio filósofo francês Jean-Paul Sartre, existencialista e ateu, deixa isso claro em sua obra *O existencialismo é um humanismo*. Uma vontade de poder dos mais fortes não pode justificar ditaduras, injustiças ou opressões.

A obra de Nietzsche foi indevidamente utilizada para tentar fundamentar o fascismo italiano e o nazismo alemão. Os ditadores Benito Mussolini e Adolf Hitler liam seus livros e usavam frases soltas do contexto de sua obra, como o "super-homem" ou a "vontade de poder", para potencialmente embasar suas práticas racistas e criminosas. Mas Nietzsche não era nem um nacionalista alemão e nem adepto do antissemitismo (que considerava desprezível) e seu "super-homem" em nada se articula com o conceito de pureza racial ariana da Alemanha nazista. Assim como as óperas de Richard Wagner (amigo de Nietzsche) foram apropriadas pelo nazismo como exemplo da música pura ariana, os livros do filósofo alemão foram injusta e indevidamente identificados com as ideologias totalitárias europeias do século XX.

4.9 Educando no pluralismo democrático das sociedades atuais

Finalmente, como já parcialmente discutido neste capítulo, a filosofia, a ciência, a arte e a religião são discursos sobre a realidade que trabalham com campos de conhecimento separados que podem ou não se complementar de acordo com as linhas ideológicas, filosóficas ou religiosas de cada pessoa ou grupo humano. O educador deve respeitar as características particulares de seus educandos e, dentro do espírito filosófico de reflexão crítica e abertura intelectual, garantir que cada pessoa tenha condições de desenvolver sua própria linha de pensamento, fundamentando-o da melhor maneira possível e respeitando outros modelos de pensamento diferentes ou até mesmo divergentes.

O que o educador não pode admitir são os preconceitos, o racismo, os preconceitos ligados aos gêneros sexuais, o etnocentrismo, o chauvinismo e a intolerância para com os que são diferentes, como já vimos no início do capítulo 2.

Quanto à religiosidade ou espiritualidade dos indivíduos, o materialismo incentivado pela sociedade capitalista de consumo insuflado e pelos regimes socialistas ateus ou pelas escolas filosóficas que não consideram a possibilidade da dimensão de transcendentalidade, religiosa ou metafísica, não conta com um consenso global. Após sete décadas de repressão religiosa nos países socialistas liderados pela ex-União Soviética, houve um renascimento intenso e profundo da religiosidade após o colapso do regime. Cristãos ortodoxos, muçulmanos, católicos, protestantes e budistas rapidamente reorganizaram templos, hierarquias e cerimônias para atenderem aos seus fiéis. No Ocidente, marcado pela competição, pelo cinismo e pelo materialismo pragmático, florescem grupos místicos que se organizam em igrejas evangélicas, grupos carismáticos católicos e manifestações religiosas híbridas como o candomblé e a umbanda, no Brasil e em vários países sul-americanos.

Há também os movimentos místicos orientais de diversas vertentes; o movimento *new age*, marcado pelo misticismo naturalista; a astrologia; as diversas variações do pensamento mágico; os cultos aos alienígenas; as cerimônias centradas no consumo de substâncias alucinógenas como a *ayhuasca* (Santo Daime ou União do Vegetal, no Brasil), do cacto *peyote* ou da mescalina (México) e até mesmo da Santa Maria (marijuana ou maconha). O livro *O mundo de Sofia*, de Jostein Gaarder, possui um capítulo sobre o fenômeno de ofertas espirituais no varejo no mundo contemporâneo, uma crítica à verdadeira e profunda espiritualidade ou experiências místicas.

Até o mundo corporativo, com suas consultorias e assessorias especializadas, com seus psicólogos e psicanalistas, educadores e orientadores profissionais, muitas vezes resvalam para o campo da autoajuda e publicam filmes, livros e toda sorte de materiais com a finalidade de oferecer, pelos mais diversos preços, todo tipo de receitas, programas, cursos e treinamentos para garantir o emprego, a promoção no trabalho, a riqueza fácil, a fama ou a capacidade infalível de passar em concursos ou acertar na loteria.

Por outro lado, os livros sagrados e os textos com seus respectivos comentários e interpretações, com profundo conteúdo espiritual, produzidos pelo judaísmo, cristianismo, islamismo, budismo, hinduísmo e outros grupos religiosos constituídos, continuam a ser divulgados, lidos e comentados por seus fiéis, ao lado de *sites* especializados, filmes, programas de rádio e TV com conteúdo religioso. Porém, uma parte considerável das pessoas busca o sucesso fácil, imediato e garantido. O materialismo ocidental tem limites tênues, assim como a ciência, as religiões e a própria filosofia do Ocidente.

Nessa realidade de mundo, a filosofia e a educação são fundamentais para tentar garantir uma análise razoavelmente crítica e lúcida desse cipoal de ideias, métodos e escolas de pensamento. Como Kant preconizou, não é tarefa da filosofia fundamentar – ou não – princípios religiosos. As liberdades civis incluem o direito de liberdade religiosa.

Ponto final

O pluralismo de conceitos e métodos educacionais que já existia na Grécia antiga se ampliou ao longo da história. A revolução industrial trouxe novas técnicas e tecnologias para o mundo, assim como novos problemas e desafios. Com diferentes etnias, culturas, estilos de vida e novas ferramentas de produção industrial, assim como opções de vida pessoal e profissional, as culturas contemporâneas exigem outras posturas educacionais – mais democráticas, inclusivas e com responsabilidade social e ambiental.

V

A filosofia no século xx

Em seu livro *Homens em tempos sombrios*, Hannah Arendt (1987, p. 20) diz que "A história conhece muitos períodos de tempos sombrios, em que o âmbito público se obscureceu e o mundo se tornou tão dúbio que as pessoas deixaram de pedir qualquer coisa à política além de que mostre a devida consideração pelos seus interesses vitais e a liberdade pessoal".

A transição do século XIX para o século XX foi marcada por um otimismo racionalista fundamentado nos avanços da ciência e da tecnologia que, aparentemente, preconizavam maiores controles da natureza (segundo as novas tecnologias mecânicas e os descobrimentos de Darwin e outros cientistas), da sociedade (segundo Comte), da economia e da política (segundo Marx) e da complexa mente humana (segundo Freud). Por outro lado, passaram-se 2 mil anos de regimes autoritários após a queda das cidades-estado da

Grécia antiga, fundamentados em concepções aristocráticas ou religiosas, antes que os novos regimes democráticos lentamente ressurgissem, primeiramente nos Estados Unidos, com sua independência, em 1776, e logo depois na França, com a Revolução Francesa, em 1789. A partir desses fatos, uma onda de liberdade política e religiosa se avolumou na Europa e em algumas ex-colônias latino-americanas. Essas tendências políticas confluíram com as novas descobertas científicas e com a dessacralização do mundo e da sociedade, graças ao pensamento materialista que alguns filósofos, como Marx e Nietzsche, desenvolveram.

Mas, logo no início, o século XX mostrou que esse maior "controle" da natureza, da sociedade e do próprio ser humano não resistia aos fatos. Logo na segunda década do novo século irrompeu uma das mais cruéis e sangrentas lutas da história, a Primeira Guerra Mundial (1914-1918).

Uma forte referência sobre o ciclo de violência que se abre é a obra do historiador alemão e filósofo da história, **Oswald Spengler** (1880-1936). Ele era admirador de Friedrich Nietzsche (1844-1900) e Johann Wolfgang von Goethe (1749-1832). Em seu livro *A decadência do Ocidente* (1918), pode-se perceber como Spengler foi influenciado pelos horrores da Primeira Guerra Mundial e pela derrota da Alemanha. Ele via a história não uma como progressão linear, mas como o desabrochar de várias culturas (nove ou dez), cada uma com características próprias. O trabalho foi importante ao romper decididamente com a concepção hegeliana de história como um processo governado pela razão. Para Spengler, as culturas sofrem em processo de crescimento, desenvolvimento e colapso, mas ele não explica as causas que levariam a essa decadência. Foi criticado por não ter sensibilidade à interação de culturas e aos agentes humanos envolvidos no processo.

Algo marcante na história da filosofia se refere às características mais práticas da filosofia produzida no Reino Unido. Os avanços e aprofundamentos da metafísica e das teorias do conhecimento baseadas na razão se deram inicialmente entre os gregos antigos e, posteriormente, ao longo da Idade Média e Renascimento, entre os italianos, franceses, alemães e demais povos do continente europeu. A Inglaterra, berço da Revolução Industrial no século XVIII, produziu o empirismo inglês (veja no capítulo 4, seção O *homem moderno*) e, posteriormente, a escola utilitarista, cujo principal representante foi **Jeremy Bentham** (1748-1832). Nascido em Londres, Bentham estudou em Oxford e se qualificou como advogado. Vendo as profundas injustiças sociais de seu tempo, interessou-se por questões relacionadas à moralidade política. Suas teorias formaram a vertente do hedonismo (relacionado ao prazer), chamado por alguns estudiosos de *utilitarismo de atos*. Sua filosofia ficou conhecida como *utilitarismo* e influenciou profundamente o pensamento do século XX.

> Bentham desenvolveu uma filosofia moral que sustentava que o acerto ou o erro de uma ação devia ser julgado inteiramente em termos de suas consequências; que boas consequências eram as que davam prazer a alguém, enquanto más consequências eram as que causavam dor a alguém: portanto que em qualquer situação o correto curso de ação a ser seguido era o que maximizasse o excesso de prazer sobre a dor, ou então que minimizasse o excesso de dor sobre o prazer. (Magee, 1999, p. 183)

Bentham e seus seguidores, **James Mill** (1773-1836) e **John Stuart Mill** (1806-1873), influenciaram profundamente os avanços da sociedade inglesa e das suas colônias, com a implementação de várias inovações, tais como práticas educacionais mais liberais, avanços na legislação trabalhista, a conquista do voto para as mulheres, reformas dos sistemas legal, judicial e carcerário britânicos e maior liberalidade nas práticas sexuais que fossem consensuais e não causassem danos às pessoas, ou seja, que proporcionassem prazer consentido.

O utilitarismo britânico do século XIX influenciou diretamente o pragmatismo norte-americano que, por sua vez, foi um dos pensamentos marcantes da filosofia do século XX. Outros estudos filosóficos significativos do século XX foram a filosofia da linguagem, os novos estudos sobre lógica e matemática (filosofia analítica, positivismo lógico etc.), o existencialismo ateu, a fenomenologia, o estruturalismo, o desconstrutivismo, as concepções sobre pós-modernidade e as considerações sobre os avanços da ciência com base na engenharia genética, na física quântica, na astronomia, na bioquímica, na ética e na política.

Os estudos filosóficos se tornaram mais específicos e, em muitos casos, relacionados diretamente às considerações lógicas e matemáticas que, por sua vez, relacionam-se com estudos sobre a linguagem humana, a programação de computadores (*software*), a Inteligência Artificial (IA), estudos sobre partículas subatômicas, a teoria da relatividade (Einstein), as novas teorias cosmológicas (fruto dos avanços da física), as formações sociais complexas e pluralistas das sociedades pós-industriais e a bioética, para tratar dos problemas e desafios relacionados às novas tecnologias que influenciam os campos da saúde, da educação, da segurança, das políticas de privacidade, do *marketing*, da estética, da engenharia e do direito.

5.1 O pensamento norte-americano

Assim como o Reino Unido foi o berço do empirismo, os Estados Unidos geraram o **pragmatismo**. A filosofia norte-americana demorou a ser estruturada e reconhecida, mas, na virada do século XIX para o século XX, o Departamento de Filosofia da Universidade de Harvard, no Estado de Massachusetts, despontou como referência mundial.

Charles Sanders Peirce (1839-1914) é um dos seus maiores nomes, sendo considerado o fundador do pragmatismo. Peirce se graduou em Matemática e Ciências e passou a se dedicar integralmente à filosofia após seus 48 anos de idade. Suas obras só foram publicadas postumamente, com o nome de *Collected papers* (1931-1958). Para Peirce, o conhecimento é uma atividade participativa (não impessoal) e consiste de explicações válidas, sendo o instrumento mais importante para nossa sobrevivência. Um avanço importante em seu pensamento é que o conhecimento científico não é um conjunto de certezas acabadas e imutáveis, mas um corpo de explicações que podem ser alteradas por outras melhores. Essa visão da ciência influenciaria outros pensadores, inclusive Karl Popper, que trabalhou com a questão de "sociedades abertas", ou seja, livres de dogmas científicos ou filosóficos, e o conceito de falibilidade. Peirce também colaborou na construção da semiologia, ou semiótica, a teoria geral dos símbolos.

Outros nomes importantes dessa escola foram o psicólogo e filósofo **William James** (1842-1910) e o educador, psicólogo e filósofo **John Dewey** (1859-1952). Os livros de Dewey – *A reconstrução em filosofia* (1920) e *A escola e a sociedade* (1899) – são parte de uma extensa obra e se situam entre os mais conhecidos e influentes no campo educacional. Para Dewey, o aprendizado científico era altamente recompensador por ser mais confiável e útil no sentido de provocar diferenças palpáveis em nossas vidas. Ele foi um dos pioneiros no método de "aprender fazendo", hoje utilizado em diversas universidades, colégios e cursos em vários campos. Para o renomado educador, o professor é um guia, um colaborador (ou facilitador) e o processo educacional deve começar a ser construído sobre os interesses da criança. Isso significou uma mudança no sentido de usar a criatividade, a imaginação e todo tipo de incentivo no processo educacional, em vez de se considerar a educação, como até então se fazia, como algo necessário e que, para ser aplicado, deveria até mesmo ir contra a vontade do aluno.

As concepções mais interativas e bem-estruturadas de bibliotecas, laboratórios, museus, galerias de arte, centros culturais e complexos educacionais se devem a essas concepções mais avançadas de educação propostas pelo pragmatismo norte-americano. O sistema educacional dos Estados Unidos evidentemente não é perfeito, mas proporciona condições muito boas de ensino e pesquisa, o que se reflete no número de patentes, prêmios Nobel e recordes olímpicos que o país sistematicamente conquistou e ainda conquista ao longo dos anos. Infelizmente, a recente política externa norte-americana, com suas ingerências externas e manipulações de poder, provoca um sentimento generalizado de antipatia e resistência em vários países, inclusive na América Latina, o que impede que suas ações educacionais de comprovada competência e eficácia sejam mais divulgadas e aproveitadas. É preciso entender os avanços proporcionados pela pedagogia anglo-saxônica, separando-os de sua política e práticas intervencionistas.

5.2 A nova lógica e os estudos da linguagem

O sistema de lógica desenvolvido por Aristóteles se manteve praticamente imutável até o século XIX. O matemático alemão **Gottlob Frege** (1848-1925), excluído do contexto do idealismo alemão da filosofia por ser um estudioso do campo das ciências exatas, pensou algumas questões aparentemente simples relacionadas à lógica que vieram a alterar profundamente o campo da filosofia.

Para ele, a lógica é objetiva, ou seja, independe da psicologia dos seres humanos. Desde Descartes, a filosofia ocidental se centrou na pergunta sobre o que o ser humano pode saber, questão que se remetia diretamente à epistemologia ou teoria do conhecimento. Daí sobrevém o embate histórico entre empirismo e racionalismo, superado por Kant através de um sistema que lhe exigiu um tremendo esforço intelectual e criativo em termos epistemológicos. A proposição de Frege tirou a filosofia de sua base epistemológica e a recolocou em bases lógicas, por serem mais objetivas e independentes da psicologia humana.

A obra de Frege ficou restrita ao Departamento de Matemática da Universidade de Jena, embora tenha sido publicada. Nem os filósofos alemães e nem os ingleses ou franceses leram seus trabalhos. No entanto, **Bertrand Russell** (1872-1970), matemático inglês, descobriu o trabalho de Frege graças ao fato de ser interessado em filosofia e por ter sido iniciado em alemão ainda na Inglaterra, tendo crescido em uma família aristocrática inglesa no auge do Império Britânico. Todos esses fatores, aliados a uma mente privilegiada, convergiram para novos enfoques filosóficos.

Seus principais livros foram: *Princípios da matemática* (1903); *Os problemas da filosofia* (1912); *Principia Mathematica* (1913-1920); *Nosso conhecimento do mundo exterior como um campo para o método científico em filosofia* (1914); *História da filosofia ocidental* (1946).

Utilizando conceitos avançados de lógica, acessíveis apenas para especialistas da área, Russell lançou as bases da chamada *filosofia analítica* e influenciou o **Círculo de Viena**, também conhecido por *escola do positivismo lógico*, que viria a influenciar vários matemáticos, lógicos e educadores preocupados com a precisão e objetividade da linguagem e do pensamento.

Essas escolas se relacionam com o pragmatismo norte-americano, formando uma vertente de pensamento filosófico anglo-saxônico marcado pela forte influência das ciências exatas na filosofia. Um discípulo de Russell, **Ludwig Wittgenstein** (1889-1951), aprofundou essas questões e sistematizou o que seria denominado de *filosofia da linguagem*, igualmente preocupado em estruturar uma filosofia com os parâmetros da própria linguagem e da lógica. Esses estudos influenciaram e ampliaram significativamente a linguística, as teorias da comunicação, os estudos literários e as análises dos recursos linguísticos em diversos contextos sociais, campos profissionais e linguagens específicas, como no caso do campo humano ou cibernético, especialmente na junção da lógica e da linguagem no desenvolvimento da inteligência artificial.

5.3 O existencialismo

Os dicionários de filosofia conceituam o existencialismo como uma "designação vaga de várias tendências filosóficas que enfatizam alguns temas comuns, como o indivíduo, a experiência da escolha e a ausência de uma compreensão racional do universo – com o consequente temor o sentimento de absurdo da vida humana" (Blackburn, 1997, p. 133). Parte do conteúdo dessa escola filosófica já foi exemplificado no capítulo 1, com os pensamentos sobre a morte, as escolhas e caminhos da existência humana.

Após a Segunda Guerra Mundial, o existencialismo teve uma grande divulgação no mundo, não apenas nas áreas acadêmicas da filosofia, mas também no teatro, na literatura e no cinema, tornando-se um assunto intensamente comentado nos meios de comunicação de massa.

Nem todo o existencialismo é ateu. Suas origens, por sinal, remetem ao pensador dinamarquês **Sören Kierkegaard** (1813-1855) e a Nietzsche. Kierkegaard, ao contrário de Nietzsche, elaborou um existencialismo cristão. Seu livro, *Temor e tremor* (1843), faz uma brilhante e profunda análise de como Abraão se sentiu ao cumprir as ordens de Deus e levar seu filho único, Isaac, para sacrificá-lo com suas próprias mãos, no que foi impedido no último instante por um anjo. Isaac era fruto de uma promessa divina feita quando Abraão já estava em idade avançada, sendo sua esposa, Sara, estéril e também idosa. Deus interrompeu o sacrifício no momento em que Abraão levantava a faca cerimonial e dizia que era uma prova de obediência e fé pela qual ele havia passado (Gênesis: 22). Kierkegaard elabora uma descrição de como o pai deve ter se sentido ao longo dos três dias de caminho, pensando no **absurdo** de ter que matar seu filho único, fruto de uma promessa e de um milagre feito pelo próprio Deus do *Antigo Testamento*.

Kierkegaard escreveu logo após a morte de Hegel, um filósofo dominante em sua época. Enquanto Hegel inseria o indivíduo realizando-se a si mesmo apenas no contexto de uma entidade maior, que seria o Estado, Kierkegaard encarava o próprio indivíduo como entidade moral suprema, valorizando os aspectos pessoais e subjetivos do ser humano. Aí entra o problema da angústia, título de seu livro *O conceito de angústia* (1844), que permeia a tomada de decisão do indivíduo, pois é por meio das opções feitas que nossas vidas são construídas e a pessoa se torna o que é. Ele ainda acreditava na tradição do protestantismo cristão, no qual o fator mais importante era a relação da alma individual com Deus. Foi nesse ponto que vários pensadores romperam com o filósofo dinamarquês, por não terem aceitado a influência de uma divindade na filosofia que se fazia cada vez mais ateia ou, pelo menos, agnóstica. Outros autores que mesclaram teorias existencialistas com concepções religiosas foram o judeu **Martin Buber** (autor de *Eu e tu*) e os cristãos **Jacques Maritain** (autor de *Humanismo integral*) e **Paul Tillich** (que produziu o instigante texto *A coragem de ser*).

Um dos mais conhecidos filósofos dessa escola (além de Jean-Paul Sartre), é o alemão **Martin Heidegger** (1889-1976). Foi discípulo de outro renomado filósofo, **Edmund Husserl** (1859-1938) e treinado no método fenomenológico deste. Heidegger é autor de uma obra significativa (*O ser e o tempo*, 1927) e propunha que o ser é o próprio tempo, ou seja, a existência é o tempo corporificado e os humanos seriam o tempo encarnado. A existência é uma questão fundamental para Heidegger, que não entendia como Descartes focava apenas o problema epistemológico em sua filosofia (aqui há um paralelo com o pragmatismo norte-americano). O problema central da filosofia, então, não seria a epistemologia, mas a existência.

Ele traça cuidadosamente as diferenças entre consciência e existência, mostrando que o ser é inseparável de algum tipo de mundo onde ele vive e atua e que – de maneira resumida – nossa estrutura existencial é tripla, composta de passado, presente e futuro. Por isso o ser é tempo. Heidegger se preocupa com a condição humana[1], assim como outros filósofos e artistas.

Heidegger teve uma mancha em sua biografia por ter se filiado ao partido nazista, na Alemanha, e por ter sido o primeiro reitor nazista da Universidade de Freiburg, o que causou a ruptura com Husserl, que era de origem judaica.

Da Alemanha, o existencialismo migrou para a França, onde se articulou mais com a literatura do que com a ciência da lógica ou da análise linguística. Um de seus expoentes foi **Henri Bérgson** (1859-1941), prêmio Nobel de literatura em 1927. Mas o casal que que se tornou célebre e foi moda por várias décadas era formado por **Jean-Paul Sartre** (1905-1980) e sua companheira **Simone de Beauvoir** (1908-1986). Sartre foi filósofo, ativista político, escritor e teatrólogo. Suas principais obras teóricas são *O ser e o nada* (1943), *O existencialismo é um humanismo* (1945) e *O problema do método* (1960); seu primeiro romance foi *A náusea* (1938) e uma de suas obras mais representativas foi *A idade da razão* (1945), parte da trilogia *Os caminhos da liberdade*. Suas peças de teatro mais conhecidas são *Entre quatro paredes* e *As moscas*. Simone de Beauvoir foi uma das primeiras ativistas do feminismo e escreveu o clássico *O segundo sexo* (1949), uma

---

1 A condição humana: René Magritte pintou um quadro com esse nome, em 1933; o francês André Malraux escreveu um livro com esse título, também em 1933, assim como a filósofa Hannah Arendt, em 1958.

obra que pretendia inserir a mulher em um novo contexto social e cultural. Também escreveu vários romances, entre eles *Os mandarins*, um texto com forte teor autobiográfico.

Sartre foi influenciado sucessivamente por Husserl, Heidegger, Hegel e Marx. Sua filosofia, baseada nas escolhas que os seres humanos têm de fazer, acima das regras e convenções existentes, baseia-se em uma responsabilidade individual que não permite a "má-fé" e nem a omissão perante os problemas sociais.

Mas foi **Albert Camus** (1913-1960), amigo de Sartre, quem usou intensamente o termo *absurdo* para indicar situações em que as pessoas pretendem encontrar sentido e significado em um universo que lhes é indiferente e, ao mesmo tempo, desprovido de propósito ou sentido. Suas obras mais conhecidas são *O mito de Sísifo* (1942), *O estrangeiro* (1942), *A peste* (1947), *O homem revoltado* (1951) e *A queda* (1956). Em um universo sem sentido, escreveu em *O mito de Sísifo* que "só existe um problema filosófico realmente sério: o suicídio. Julgar se a vida vale ou não vale a pena ser vivida é responder à questão fundamental da filosofia".

Os críticos do existencialismo ateu diziam que era uma proposta teórica de desesperados. A resposta política, esboçada por Sartre em *O existencialismo é um humanismo*, insere as questões e responsabilidades sociais no existencialismo. Seu pensamento era bastante influenciado pelo socialismo marxista, com o qual futuramente se desiludiria e criticaria na peça *As mãos sujas*.

5.4 Outras filosofias

Outras ondas filosóficas, em parte modismos, em parte colaborações importantes e duradouras, foram surgindo já na segunda metade do século XX. O estruturalismo foi uma escola que influenciou desde a antropologia até a linguística e a filosofia em geral, tornando-se *pop* ao longo da década de 1960, especialmente na França. Na antropologia, o termo já era utilizado por Claude Lévi-Strauss desde a primeira metade do século XX. Uma definição breve e simples de estruturalismo é que qualquer discurso é uma estrutura de linguagem que pode ser decomposta, analisada por partes, reconstruída ou reinterpretada. Essa abordagem dos textos levou o nome de *desconstrução* e serviu de provocação para vários teóricos formais que prezavam a objetividade científica e lógica nos discursos filosóficos e científicos, inclusive nas ciências sociais e disciplinas humanísticas em geral. **Louis Althusser** (1918-1990) se tornou o principal filósofo de esquerda nos anos 1960-1970 ao tentar articular o estruturalismo com o marxismo. O psicanalista francês **Jacques Lacan** (1901-1981) realizou uma abordagem estruturalista às ideias de Freud e da psicanálise ao propor que o inconsciente é estruturado como uma linguagem e que, portanto, pode ser interpretado mais detalhadamente, desde que seus códigos sejam conhecidos. O filósofo francês **Michel Foucault** (1926-1984) realizou avanços consideráveis no estudo da sexualidade e nos estudos sobre o poder, analisando escolas, hospitais, prisões, manicômios e asilos considerados por Foucault como centros de dominação, tendo como base, inclusive, o uso dos discursos dominantes que, por sua vez, podem e devem ser desconstruídos e criticados.

Um dos autores relevantes do século XX que ficou conhecido por criticar totalitarismos políticos e filosóficos foi o austríaco **Karl Popper** (1902-1994), ainda hoje discutido e comentado por ser a base fundamental das críticas do megainvestidor George Soros à crise financeira e à econômica global de 2008-2009. Popper era de família judaica convertida ao cristianismo. Foi inicialmente marxista, mas se tornou um socialista desiludido com as crueldades do regime stalinista. Com o advento do nazismo, emigrou para a Nova Zelândia e, após o final da Segunda Guerra, encaminhou-se para o Reino Unido, onde foi professor de Lógica e Método científico na Escola de Economia de Londres. Prosseguindo os estudos iniciados pelos utilitaristas britânicos e pragmáticos norte-americanos, postulou que as teorias científicas não eram verdades inalteráveis e propôs uma nova filosofia da ciência, fundamentada na falibilidade, ou seja, na necessidade de comprovações científicas que podem ser falseadas e, portanto, melhoradas ou substituídas por outras mais condizentes com a realidade estudada e verificada. Sua obra fundamental foi *A lógica da descoberta científica* (1934) e suas ideias sobre ciências naturais foram posteriormente ampliadas para as ciências sociais na obra *A sociedade aberta e seus inimigos* (1945), livro no qual critica os pensamentos "fechados", ou que não admitem crítica por pretensamente estarem acima dos critérios de falseabilidade, algo impossível na ciência e na filosofia da ciência.

Esses discursos que gerariam sociedades "fechadas" tiveram início com o pensamento de Platão (platonismo) e chegavam aos tempos atuais com o marxismo e a psicanálise de Freud. Apenas nas sociedades abertas, longe dos dogmas políticos ou filosóficos, pode haver crescimento de maneira sustentável e evolutiva. É esse

Figura 5 – Século XXI

Um mundo complexo, pluralista e com desafios inéditos nas áreas da ética, da política, da sociedade e da tecnologia. Um mundo onde a filosofia tenta dar respostas ou, pelo menos, fazer as perguntas certas.

1) Bombardeio em Bagdá. Março de 2003. Crédito: Oliver Coret/Corbis/Del/LatinStock.
2) Representação de uma festa. Crédito: PureStock.
3) Bovespa. Fevereiro de 2009. Crédito: Sebastião Moreira/Epa/Corbis/Del/LatinStock.
4) 11 de setembro. Crédito: Kuriya/Corbis/Del/LatinStock.

justamente o ponto que George Soros critica no capitalismo do início do século XXI, que teria se tornado dogmático ao ratificar a ideia de que os mercados se regulariam a si próprios, tendo ética e responsabilidade na gestão dos créditos concedidos e na especulação financeira. A crise detonada em 2007-2008 mostra que isso não aconteceu e que as instituições financeiras, os bancos centrais dos EUA e da Europa e várias empresas privadas de grande porte se comportaram segundo a lógica das sociedades fechadas, baseadas em premissas consideradas verdadeiras e inquestionáveis, mesmo sem terem sido submetidas ao crivo da história.

5.5 Filosofia e educação no Brasil

Os autores Adriana Lopez e Carlos Guilherme Mota, em seu livro *História do Brasil: uma interpretação*, falam sobre a atuação que a Companhia de Jesus teve no Brasil Colônia:

> A Sagrada Companhia de Jesus teve papel preponderante entre as ordens religiosas que se instalaram na colônia a partir da segunda metade do século XVI. Os jesuítas contaram com o apoio da Coroa para efetuar a "conquista espiritual" dos nativos americanos e para moralizar os costumes do continente, muito heterogêneo, de colonos, que desembarcavam em números cada vez maiores. Fundaram e criaram colégios, as únicas instituições de ensino abertas ao público que existiram na colônia, frequentadas pelos filhos das elites coloniais. (Lopez; Mota, 2008, p. 146)

Escolas filosóficas, teorias sociológicas e políticas, disciplinas científicas e diversas religiões influenciaram as tendências pedagógicas pelo mundo e também no Brasil. Com o surgimento de categorias como *infância* e *adolescência* no Ocidente, a educação passou a ser cada vez mais voltada aos jovens e carregada de vários métodos e conceitos de como tratá-los e, principalmente, educá-los. Mas a educação também é dirigida aos adultos, aos idosos e às pessoas que procuram melhorar sua formação profissional, adquirir sua cidadania ou ainda se direcionar ao lazer ou a outras atividades sociais. O ser humano "educado" se tornou uma referência dúbia. A cultura oficial e as pretensas "elites" veneram e dizem que promovem as condições ideais para que a educação e a cultura cheguem a todos os segmentos da sociedade, especialmente em países com grandes disparidades sociais, tais como a grande concentração de riquezas, como é o caso do Brasil e de outros países da América Latina, África e Ásia. Porém, a prática de vários governos, dos meios de comunicação de massa e de várias instâncias da sociedade civil muitas vezes é da omissão, que se utiliza do cinismo e da indiferença ou simplesmente da postura de rotular a educação e a cultura de "elitismo", pedantismo ou um idealismo estéril, fruto de ideais irrealizáveis ou arcaicos.

As políticas e as práticas educacionais em países como o Brasil ainda constituem um grande desafio político, econômico, social e cultural e milhões de pessoas ainda são excluídas de uma educação de qualidade e de uma cultura sólida, pluralista e democrática.

Mas a educação é um processo progressivo e, no Brasil, ele teve início na era colonial, com a chegada dos jesuítas ao país. O padre Manoel de Nóbrega esteve inicialmente na Bahia e, em 1552, foi para São Paulo, onde fundou o Colégio São Paulo (1554), na província de Piratininga, marco inicial da futura capital paulistana. A Companhia de Jesus era uma ordem religiosa extremamente jovem na Igreja Católica (oficializada pela Igreja em 1540) e um de seus principais objetivos era justamente a promoção da educação da juventude, a defesa da fé e sua propagação nos territórios coloniais. A formação dos padres jesuítas se caracterizava pela elevada qualidade nos estudos formais e na sistematização dos chamados *exercícios espirituais*, estruturados por seu fundador, Santo Inácio de Loyola. Os jesuítas tiveram uma grande influência na colônia, juntamente com religiosos franciscanos e beneditinos, e durante duzentos anos seus colégios formaram boa parte da elite do país. Em 1759, os jesuítas foram expulsos de Portugal e de suas colônias pelo Marquês de Pombal, em uma medida radical para implantar ideias mais ou menos próximas ao iluminismo. A educação ficou a cargo de leigos e outros religiosos, sendo que muitos professores tinham sido formados pelos jesuítas e mantiveram seus métodos e qualidade de ensino. De qualquer modo, as elites brasileiras continuavam a cumprir seus estudos superiores na Europa. Um resultado da saída dos jesuítas do Brasil foi o desaparecimento do curso de Humanidades e a sua substituição pelas "aulas régias", de latim, grego, filosofia e retórica, dadas por professores que organizavam os locais de trabalho e depois pediam remuneração ao governo.

Com a vinda da corte portuguesa para o Brasil, em 1808, o ensino passou por mudanças significativas, inclusive no que tange à organização de cursos profissionalizantes em nível médio e superior e estudos militares para formar de maneira mais sistemática a população do país, seja nos níveis primário, secundário ou superior, como se denominavam os níveis educacionais da época.

O ensino no Império brasileiro, mesmo depois da Independência (1822), era direcionado mais aos jovens do que às crianças, continuando a ser eminentemente elitista (os mais pobres não tinham acesso à educação), e sendo caracterizado por uma forte influência das ideias positivistas de Auguste Comte na educação em geral, com especialidade nos estudos de engenharia e nos colégios militares.

A Primeira República, ou República Velha (1889-1930), foi ainda marcada por um crescimento limitado de escolas, em virtude da urbanização também limitada do país. O final do século XIX foi marcado pelo fim do regime escravocrata, pela expansão da lavoura cafeeira e pelo início do trabalho assalariado, fatos que redundaram na imigração de vários grupos estrangeiros, tais como japoneses, alemães, italianos, árabes e judeus, etnias que ajudaram a formar nossa identidade nacional e, consequentemente, a ampliar o horizonte da cultura e da educação do país. Essa primeira fase da educação republicana foi uma mescla das influências de Johann Friedrich Herbart (1776-1841) com a pedagogia legada pela Companhia de Jesus, ainda bastante considerada pelos educadores. O pragmatismo norte-americano, principalmente de John Dewey, gerou frutos brasileiros, como o livro *Introdução ao estudo da escola nova* (1929), de Lourenço Filho. Houve influências heterodoxas, tais como as do anarquista espanhol Francisco Ferrer y Guardia (1859-1904), que motivou vários professores de tendências anarquistas ou socialistas nas décadas de 1910-1920.

Um marco de oxigenação cultural foi a Semana da Arte moderna, de 1922, realizada em São Paulo, que foi uma "bolha" de inovação em meio ao conservadorismo tacanho de um país e mergulhado em uma economia agrária, ainda com várias características do mundo colonial isolado do mundo desenvolvido.

Na longa Ditadura Militar de Getúlio Vargas (1930-1945), foi criado o Ministério da Educação e Saúde Pública, cujos ministros foram Francisco Campos (1930-1932), Washington Pires (1934) e Gustavo Capanema, que atuou à frente do Ministério até 1945 e deixou várias contribuições para a educação. Nesse período, o Estado se fez cada vez mais presente e atuante junto à educação pública, porém sempre de maneira centralizadora e autoritária.

Um documento importante da época foi o *Manifesto dos pioneiros da escola nova*, redigido em 1932, por Fernando de Azevedo, baseado nas ideias de Dewey e do sociólogo francês Émile Durkheim (1858-1917). Esse ideário liberal conviveu com a ditadura de Vargas de um modo dinâmico. Outras tendências eram também relevantes. As ideias católicas, influentes em um país majoritariamente católico na época, tiveram suas bases nos intelectuais Jackson de Figueiredo e em Alceu de Amoroso Lima (Tristão de Athaide), oriundo do Centro D. Vital, no Rio de Janeiro. As ideias pragmáticas não eram do agrado da Igreja Católica, muito menos as ideias libertárias, mas o embate se deu em vários níveis do governo e da sociedade, esta sob um Estado autoritário no qual também surgiam ideais integralistas, profundamente influenciados pelo nazifascismo, como no bloco católico liderado por Plínio Salgado e, no início, por Alceu Amoroso Lima. Posteriormente, Alceu Amoroso Lima se tornou um líder pela luta democrática e um dos mais respeitados educadores católicos progressista brasileiros. Sua vida e obra foram alvo da pesquisa de doutorado em Filosofia da Educação, por parte de João Francisco Régis de Moraes, que a publicou com o título *História e pensamento na educação brasileira* (1985). Com o aprofundamento das tensões internacionais que geraram a Segunda Guerra Mundial (1939-1945), o embate no Brasil entre as ideias conservadoras e socializantes atingiu níveis crescentes. O Regime de Vargas era naturalmente mais alinhado com os países do Eixo fascista (Alemanha, Itália e Japão), porém o país estava na área de influência norte-americana e entrou na guerra ao lado dos Aliados (Estados Unidos, França, Reino Unido e a ex-União Soviética). Com a vitória dos Aliados, o governo Vargas perdeu forças e o país se redemocratizou.

Os governos que se seguiram no período democrático foram os de Eurico Gaspar Dutra (1946-1950), Getúlio Vargas (1950-1954), Juscelino Kubitschek (1955-1960), Jânio Quadros (janeiro a agosto de 1961) e João Goulart (1961-1964). Foram governos que se colocaram entre um desenvolvimentismo e um conservadorismo que foi parcialmente rompido no governo Goulart, que terminou com o Golpe Militar de março de 1964, inaugurando um período ditatorial que se estendeu até 1985. Os governos oscilaram entre investimentos para o ensino público gratuito e o apoio ao ensino privado em seus vários níveis.

A grande novidade histórica desse período foi a série de movimentos sociais, políticos e culturais surgidos no início da década de 1960, que influenciaram a educação e os traços culturais do país. Os principais foram os Centros Populares de Cultura (CPCs), os Movimentos de Cultura Popular (MCPs) e o Movimento de Educação de Base (MEB). No contexto desses movimentos surge um dos grandes nomes da educação brasileira e hoje um dos pedagogos mais reconhecidos do mundo, o educador **Paulo Freire** (1921-1997).

Paulo Freire

Embora suas ideias e práticas tenham sido objeto das mais diversas críticas, é inegável a sua grande contribuição em favor da educação popular. Suas primeiras experiências educacionais foram realizadas em 1962 em Angicos, no Rio Grande do Norte, onde 300 trabalhadores rurais se alfabetizaram em 45 dias. Participou ativamente do MCP (Movimento de Cultura Popular) do Recife. Suas atividades foram interrompidas com o golpe militar de 1964, que determinou sua prisão. Exilou-se por 14 anos no Chile e posteriormente viveu como cidadão do mundo. Com sua participação, o Chile recebeu uma distinção da UNESCO, por ser um dos países que mais contribuíram à época para a superação do analfabetismo. Em 1970, junto a outros brasileiros exilados, em Genebra, Suíça, criou o IDAC (Instituto de Ação Cultural), que assessora diversos movimentos populares em vários locais do mundo. Retornando do exílio, Paulo Freire continuou com suas atividades de escritor e debatedor, assumiu cargos em universidades e ocupou o cargo de Secretário Municipal de Educação da Prefeitura de São Paulo, na gestão da Prefeita Luisa Erundina, do PT. Algumas de suas principais obras: Educação como Prática de Liberdade, Pedagogia do Oprimido, Cartas à Guiné Bissau, Vivendo e Aprendendo, A importância do ato de ler.

Para Paulo Freire, vivemos em uma sociedade dividida em classes, sendo que os privilégios de uns impedem que a maioria usufrua dos bens produzidos, inclusive **a educação** Refere-se então a dois tipos bens produzidos, inclusive **a educação** Refere-se então a dois tipos de pedagogia: **a pedagogia dos dominantes**, onde a educação existe como **prática da dominação**, e **a pedagogia do oprimido**, que precisa ser realizada, na qual **a educação surgiria como prática da liberdade**. O movimento para a liberdade deve surgir e partir dos próprios oprimidos, e a pedagogia decorrente será "aquela que tem que ser forjada **com ele** e não **para ele**, enquanto homens ou povos, na luta incessante de recuperação de sua humanidade". Vê-se que não é suficiente que o oprimido tenha consciência crítica da opressão, mas, que se disponha a transformar essa realidade; trata-se de um trabalho de conscientização e politização. **A pedagogia do dominante é fundamentada em uma concepção bancária de educação** (predomina o discurso e a prática, na qual quem é o sujeito da educação é o educador, sendo os educandos comparados a vasilhas a serem enchidas; o educador deposita "comunicados" que estes, recebem, memorizam e repetem), da qual deriva uma prática totalmente verbalista. Dessa maneira, o educando, em sua passividade, torna-se um objeto para receber paternalisticamente a doação do saber do educador, sujeito único de todo o processo. Esse tipo de educação pressupõe um mundo harmonioso, no qual não há contradições, daí a conservação da ingenuidade do oprimido, que, como tal, se acostuma e acomoda no mundo conhecido (o mundo da opressão) **e eis aí, a educação exercida como uma prática da dominação**.

Fonte: Centro de Referência Educacional, 2008.

As críticas dirigidas por Paulo Freire à educação convencional classificam-na como "educação bancária", alicerçada em uma "ideologia de opressão", que considera o aluno uma pessoa sem qualquer saber, destinado apenas a ser um depositário dos dogmas do professor, o que prejudica imensamente o processo educacional.

De acordo com Ghiraldelli Jr. (2006), *A educação bancária*, obra de Paulo Freire, foi resumida em vários de seus outros livros por conter algumas características que ele pensava ser fundamentais na problemática educacional:

1. O professor ensina, os alunos são ensinados.
2. O professor sabe tudo, os alunos nada sabem.
3. O professor pensa por si e pelos estudantes.
4. O professor fala e os estudantes escutam.
5. O professor estabelece a disciplina e os alunos são disciplinados.
6. O professor escolhe, impõe sua opção, os alunos se submetem.
7. O professor trabalha e os alunos têm a ilusão de trabalhar graças à ação do professor.
8. O professor escolhe o conteúdo do programa e os alunos – que não são consultados – se adaptam.
9. O professor confunde a autoridade do conhecimento com sua própria autoridade profissional, que ele opõe à liberdade dos alunos.
10. O professor é sujeito do processo de formação, os alunos são simples objetos.

Uma das grandes contribuições de Paulo Freire foi a proposição de um modelo humanista e revolucionário de educação baseado no respeito mútuo e na capacidade de todas as pessoas produzirem conhecimento, de contribuírem para o processo educacional, possibilitando a socialização do conhecimento como forma de adquirir cidadania, viabilizando uma maior igualdade e justiça social. Para acompanharmos os estudos e pesquisas relacionados ao método Paulo Freire, é importante, além de lermos seus livros, consultarmos o *site* do Instituto Paulo Freire[2].

O período da Ditadura Militar (1964-1985) foi marcado pela repressão e por um ideário contrário ao proposto por Paulo Freire e outros educadores progressistas e democráticos.

É impossível traçar todas as correntes de pensadores da educação brasileira e suas respectivas influências filosóficas neste pequeno capítulo. Uma leitura bastante informativa pode ser encontrada no livro *História da educação brasileira*, de Paulo Ghiraldelli Jr. (2006). As principais correntes do pensamento pedagógico das décadas de 1970 a 1990 são encontradas no texto, todas elas oriundas das principais vertentes filosóficas já analisadas: pensamento cristão, iluminismo, marxismo, utilitarismo britânico, pragmatismo norte-americano etc.

---

2 Disponível para acesso no *site*: <http://www.paulofreire.org>.

5.6 O futuro

Vejamos a seguinte afirmativa do autor Karl Jaspers (1986, p. 147):

> Nossa época vive entre dois abismos. Compete-nos escolher: deixar-nos tombar no abismo da ruína do homem e do universo, com a consequente extinção de toda vida terrena, ou cobrar ânimo para nos transformarmos, dando surgimento ao homem autêntico, ante o qual se abrirão possibilidades infinitas.
> Em tal contexto, qual o papel da filosofia?
> Ensina, pelo menos, a não nos deixarmos iludir. Não permite que se descarte fato algum e nenhuma possibilidade. Ensina a encarar de frente a catástrofe possível. Em meio à serenidade do mundo ela faz surgir a inquietude. Mas proíbe a atitude tola de considerar inevitável a catástrofe. Com efeito, apesar de tudo, o futuro depende também de nós.

Um breve sopro de dúvidas e angústias epistemológicas passou pelo final do século XX com o nome de *pós-modernidade*. Surgida na arquitetura e na arte em geral, seu ideário foi estruturado pelo francês Jean-François Lyotard e colocou em pauta a questão da produção do saber nas sociedades com novos recursos tecnológicos baseados na informática, na digitalização dos dados e na produção, armazenamento e transmissão eletrônica de informações e conhecimento.

Se a Revolução Industrial do século XIX deixou claro que sem riqueza não se desenvolvem ciência e tecnologia, a condição pós-moderna demonstrou o contrário, que sem ciência e tecnologia não se produz riqueza.

A informação passou a ser encarada como a mercadoria mais valiosa. Segundo Lyotard (1986), os pesquisadores trabalham não mais com a finalidade de preparar indivíduos aptos a levar às pessoas a noção de uma "verdade absoluta", mas para preparar competências (palavra bastante utilizada em certas escolas pedagógicas e por técnicos e administradores em geral) capazes de assegurar o bom desempenho da dinâmica institucional, seja na administração privada ou na pública.

Lyotard (1986) se preocupou em analisar a posição do saber nas sociedades mais desenvolvidas tecnologicamente. Nessas sociedades, a cultura se transformou à medida que a literatura, as artes e a ciência foram influcnciadas pelas transformações causadas pelas novas técnicas e tecnologias aplicadas à produção industrial, ao setor agropecuário e ao imenso campo de serviços em geral. A junção entre empresas privadas, governos, instituições de pesquisa e universidades na produção do conhecimento é uma realidade global, assim como a crescente informatização do mundo. O poder da ciência vem do controle efetivo e eficiente do mundo, possibilitado e ampliado pelo contínuo avanço científico e tecnológico. Essas novas condições influenciam de várias maneiras a filosofia e a educação. São necessárias novas respostas ou métodos para os novos problemas ou para os velhos desafios que permanecem insolúveis.

> Qualquer pessoa habituada a refletir em termos de ciências sociais contemporâneas compreende que as transformações revolucionárias da ciência e da técnica, com as consequentes modificações na produção e nos serviços, devem necessariamente produzir mudanças também nas relações sociais. Só um cego não percebe as mudanças que estão ocorrendo nesse campo e suas óbvias conexões com a chamada segunda revolução industrial (da informática), que cada vez mais se intensifica. (Schaff, 1990, p. 21)

O saber científico não é todo o saber existente. Há também o saber que Lyotard (1986) denomina de *saber narrativo*, concernente às artes, à intuição, aos sentidos, à religião e aos aspectos mais subjetivos do ser humano. Ambos os saberes – científicos e narrativos – são necessários, pois são formados por enunciados capazes de construírem teias de conhecimento com as quais as pessoas tentam aprender e compreender o mundo.

Ao longo da história, essa produção do saber se estruturou em sistemas filosóficos, religiosos ou científicos que se propuseram a dar conta teoricamente de toda a problemática humana e universal. Muitas filosofias geraram relatos, discursos sobre a realidade, pretensamente absolutos denominados por Lyotard (1986) com o nome de *metarrelatos*, com a intenção de esgotar as dúvidas e lacunas da ciência. Com o desenvolvimento científico, os grandes sistemas filosóficos idealizados por Platão, Aristóteles, Tomás de Aquino, Kant, Hegel, Comte e Marx foram confrontados com realidades que transcendiam seus limites conceituais, confrontação que apontou certos "furos" dessas suas teorias aparentemente sólidas e monolíticas. Os antigos metadiscursos ou metarrelatos filosóficos foram substituídos por uma pluralidade de sistemas formais e axiomáticos. Para parte da ciência atual, pós-moderna, não mais interessam as discussões metafísicas sobre o que é verdadeiro, justo ou belo, e sim a *eficiência*, nova palavra mágica do capitalismo pós-industrial. O pragmatismo e as críticas políticas e científicas de Karl Popper encontram guarida na pós-modernidade.

A modernidade estaria então superada? Alguns teóricos pós-modernos pensam que sim, outros pensam que não (a exemplo de Heidegger, dos marxistas etc.). Mas todos concordam que houve mudanças profundas nas relações de produção e na subjetividade de relações entre pessoas, empresas, governos e instituições.

Um quadro resumido sobre as principais diferenças entre modernidade e pós-modernidade reúne as seguintes oposições:

Quadro 1 – Diferenças entre modernidade e pós-modernidade

Modernidade	Pós-modernidade
Simplificação	Complexidade, contradição
Unicidade	Ambiguidade, tensão
Exclusividade (ou, ou)	Inclusividade (e, e)
Purismo	Hibridismo
Unidade óbvia	Vitalidade emaranhada
Lógica convencional	Paradoxos
Continuidade	Ruptura
Conservação, mudança	Superação
Estabilidade	Instabilidade
Certezas	Consensos
Imutabilidade	Transformação constante

O início do século XXI mostrou, mais uma vez, que não se pode ter posições dogmáticas e que a abertura é necessária para o diálogo entre as pessoas. O conhecimento é importante e gera riquezas sim, mas a ética, a sustentabilidade ambiental, a justiça social e a satisfação e a felicidade dessas pessoas é igualmente importante. A sociedade não pode ser submetida a rígidos programas políticos, partidários, corporativos, religiosos ou institucionais que excluam o pluralismo, as liberdades individuais e os códigos de comportamento que possibilitem uma vida melhor.

O discurso único que permeou o mundo, desde a década de 1980-1990 até o início do século XXI, centrado na competência especializada, no sucesso a todo custo e na celebridade como prêmio máximo, mostrou suas falhas ao longo das guerras absurdas (Afeganistão e Iraque), dos atentados terroristas insanos, provocados pela ignorância dos criminosos fundamentalistas islâmicos e pela arrogância de impérios. Uma das faces mais cruéis de um pensamento centrado no egoísmo e no materialismo, acima de tudo, foram as crises econômicas cíclicas que afetaram o capitalismo monopolista-financeiro desde meados da década de 1990 e que mostrou seu poder destrutivo mais intenso ao longo do colapso econômico-financeiro de várias empresas e países em 2008-2009.

Ponto final

As palavras de Jaeger, (1983, p. 3) descritas no início desta obra consistem em um diagnóstico preciso da educação da humanidade – as civilizações precisam permanentemente de uma *paideia* que esteja de acordo com as necessidades dos tempos e das culturas atuais. Os processos de construção do conhecimento, da ética, das liberdades individuais e da educação são desafios permanentes e fundamentais para a sobrevivência de nossa espécie e do melhoramento de sua qualidade de vida.

O principal objetivo da filosofia da educação é permitir a reflexão crítica de maneira livre, pluralista e responsável, à medida em que se compreende como a educação foi evoluindo através da história e criando sua própria história.

Essa evolução não terminou, ao contrário – as exigências éticas, sociais, ambientais e tecnológicas atuais demandam pesquisas permanentes em todos os campos, inclusive o educacional. Uma história com possibilidades abertas precisa de uma educação igualmente aberta e sensível às permanentes mudanças.

Indicações culturais

As missões jesuíticas na América Latina

Os jesuítas protagonizaram um dos capítulos mais instigantes na história das Américas entre os séculos XVII e XVIII, que foi a organização de reduções, ou missões, em vários locais da América Latina para reunir os índios e educá-los de forma cristã, evitando que fossem escravizados ou mortos pelos bandeirantes e outros caçadores de mão de obra escrava. Foi um grande projeto envolvendo logística, urbanismo e educação, além de figurar uma tentativa de um projeto político que fracassou graças aos interesses coloniais de Portugal, Espanha e Reino Unido. Um eixo importante das reduções se localizava do Noroeste do Rio Grande do Sul em direção ao Oeste, passando pela província de Corrientes, na Argentina e no Paraguai.

Livro
LUGON, C. **A república comunista cristã dos guaranis (1610-1768)**. 3. ed. São Paulo: Paz e Terra, 1977.

Filme
A MISSÃO. Direção: Roland Joffé. Produção: Fernando Ghia e David Puttnam. Inglaterra: Warner Bros., 1986. 125 min.

Site
Las misiones jesuítas (em espanhol)
Disponível em: <http://www.cervantesvirtual.com/bib_tematica/jesuitas/misiones/misiones.shtml>.

Considerações finais

As novas tecnologias trouxeram bens e males inéditos. Os sistemas filosóficos e pedagógicos antigos foram criticados e superados, mas a filosofia continua a exigir uma reflexão crítica por parte do ser humano, assim como a educação continua a ser a única possibilidade plena de socialização e formação integral do indivíduo.

> A humanidade se educa na escola dos inventores culturais segundo o mesmo processo de abertura do espírito da educação das pessoas... A educação é uma atualização da cultura, e isso não somente no plano do seu conteúdo (as formas aprendidas), mas sobretudo no plano de seu gesto exploratório, consciente, deliberado.[...] Sim, aprendemos muitas coisas desde um milhão de anos atrás, e certamente isso não acabou. Ao contrário. Nossa aprendizagem irá agora se acelerar a um ritmo bem mais rápido do que até então. Precisamos de uma educação humanista do ser integral. [...] É o fim único da educação tornar a consciência humana consciente dela mesma e de sua disposição fundamental: sua expansão onidirecional, sua liberdade, seu amor por todas as formas e por todos os seres. (Levy, 2001, p. 154-155)

Referências

300. Direção: Zach Snyder. Produção: Mark Canton, Bernie Goldman, Gianni Nunnari e Jeffrey Silver. EUA: Warner Bros., 2007. 117 min.

A ESCOLHA de Sofia. Direção: Alan J. Pakula. Produção: Keith Barish e Alan J. Pakula. EUA: Universal Pictures, 1982. 153 min.

ABBAGNANO, N. **Dicionário de filosofia**. São Paulo: Mestre Jou, 1982.

ARENDT, H. **Homens em tempos sombrios**. Sã Paulo: Companhia das Letras, 1987.

BATMAN - O cavaleiro das trevas. Direção: Christopher Nolan. Produção: Christopher Nolan, Charles Roven e Emma Thomas. EUA: Warner Bros., 2008.

BEAUVOIR, S. **Todos os homens são mortais**. Rio de Janeiro: Nova Fronteira, 1983.

BERMAN, M. **Tudo o que é sólido desmancha no ar**. São Paulo: Companhia das Letras, 1987.

BÍBLIA (Antigo Testamento). Gênesis. Português. **Bíblia Sagrada**. cap. 22. Disponível em: <http://www.bibliacatolica.com.br/01/1/22.php>. Acesso em: 26 jun. 2009.

BÍBLIA (Novo Testamento). Salmos. Português. **Bíblia Sagrada**. cap. 93, vers. 1. Disponível em: <http://www.bibliaonline.com.br/acf/sl/93/1+>. Acesso em: 26 jun. 2009.

BÍBLIA (Novo Testamento). São João. Português. **Bíblia Sagrada**. cap. 1, vers. 9. Disponível em: <http://www.bibliacatolica.com.br/01/50/1.php>. Acesso em: 26 jun. 2009.

BLACKBURN, S. **Dicionário Oxford de filosofia**. Rio de Janeiro: J. Zahar, 1997.

BLOOM, A. **O declínio da cultura ocidental**: da crise da universidade à crise da sociedade. São Paulo: Best Seller, 2001.

BOEHNER, P.; GILSON, E. **História da filosofia cristã**. Petrópolis: Vozes, 1982.

BRUNO, G. **Acerca do infinito, do universo e dos mundos**. Lisboa: Calouste Gulbenkian, 1998.

CAMBI, F. **História da pedagogia**. São Paulo: Ed. da Unesp, 1999.

CAPOTE. Direção: Bennett Miller. Produção: Caroline Baron, Michael Ohoven e William Vince. EUA: Sony Pictures Classics/United Artists/MGM/Buena Vista International, 2005. 98 min.

CARRIÉRE, J. C. **O círculo dos mentirosos**. São Paulo: Codex, 2004.

CENTRO DE REFERÊNCIA EDUCACIONAL. **Paulo Freire**. Disponível em: <http://www.centrorefeducacional/paulo.htm>. Acesso em: 10 mar. 2008.

COMTE-SPONVILLE, A.; FERRY, L. **A sabedoria dos modernos**. São Paulo: M. Fontes, 1999.

DUBY, G. **O tempo das catedrais**: a arte e a sociedade (980-1420). Lisboa: Estampa, 1979.

DUMONT, J.-P. **Elementos de história da filosofia antiga**. Brasília: Ed. da UnB, 2004.

ECO, U. **O nome da rosa**. São Paulo: Record, 1986.

ELIADE, M. **Tratado de história das religiões**. São Paulo: M. Fontes, 1993.

ENTREVISTA com o vampiro. Direção: Neil Jordan. Produção: David Geffen e Stephen Wooley. EUA: Warner Bros., 1994. 122 min.

FERRY, L. **Aprender a viver**: filosofia para os novos tempos. Rio de Janeiro: Objetiva, 2007.

FILOSOFIA DA EDUCAÇÃO. **Stanford Encyclopedia of Philosophy**. Disponível em: <http://plato.stanford.edu/>. Acesso em: 26 jun. 2009.

GAARDER, J. **O mundo de Sofia**. São Paulo: Companhia das Letras, 2001.

GALLO, S. (Org.). **Ética e cidadania**: caminhos da filosofia. Campinas: Papirus, 1997.

GHIRALDELLI Jr., P. **História da educação brasileira**. São Paulo: Cortez, 2006.

HIGHLANDER, o guerreiro imortal. Direção: Russell Mulcahy. Produção: Peter S. Davis e William N. Panzer. EUA: 20th Century Fox Film Corporation, 1986.

HISTÓRIA das grandes ideias do mundo ocidental. São Paulo: Abril Cultural, 1972. 4 v.

HOLLAND, T. **Fogo persa**. Rio de Janeiro: Record, 2007.

HUNNEX, M. **Filósofos e correntes filosóficas**. São Paulo: Vida, 2003.

JAEGER, W. **Paideia**. México: Fondo de Cultura Econômica, 1983.

JASPERS, K. **Introdução ao pensamento filosófico**. São Paulo: Cultrix, 1986.

KUNZMANN, P.; BURKARD, F. P.; WIEDMANN, F. **Atlas de filosofia**. Madrid: Alianza Editorial, 1997.

LEVY, P. **A conexão planetária**. São Paulo: Ed. 34, 2001.

LOPEZ, A.; MOTA, C. G. **História do Brasil**: uma interpretação. São Paulo: Senac, 2008.

LYOTARD, J. F. **O pós-moderno**. Rio de Janeiro: J. Olympio, 1986.

MACHADO, M. G. S.; TRIGO, L. G. G. Entendendo o mundo atual: um roteiro de estudo. **Revista de Estudos Turísticos**, São Paulo, n. 21, set. 2006.

MADDOX, J. **O que falta descobrir**: explorando os segredos do universo, as origens da vida e o futuro da espécie humana. Rio de Janeiro: Campus, 1999.

MAGEE, B. **História da filosofia**. São Paulo: Loyola, 1999.

MASI, D. de. **A sociedade pós-industrial**. São Paulo: Senac, 1999.

MILLER, F.; VARLEY, L. **300**. São Paulo: Abril, 1999. 5 v.

MORAIS, R. de. **História e pensamento na educação brasileira**. Campinas: Papirus, 1985.

NIETZSCHE, F. **Genealogia da moral**. Companhia das Letras: São Paulo, 1998.

NIETZSCHE, F. **Poemas**. Coimbra: Centelha, 1986.

O NOME da rosa. Direção: Jean-Jacques Annaud. Produção: Bernd Eichinger. Alemanha/França/Itália: 20th Century Fox Film Corporation, 1986. 130 min.

O SEGREDO de *Brokeback Mountain*. Direção: Ang Lee. Produção: Diana Ossana e James Schamus. EUA: Focus Features/Europa Filmes, 2005. 134 min.

OS 300 de Esparta. Direção: Rudolph Mate. Produção: Rudolph Mate e George St. George. EUA: 20th Century Fox Film Corporation, 1962. 114 min.

PINSKY, J. **100 textos de história antiga**. São Paulo: Global, 1980.

SAER, J. J. **A investigação**. Lisboa: Caminho, 2002.

SARTRE, J. P. **O ser e o nada**: ensaio de ontologia fenomenológica. Petrópolis: Vozes, 1997.

SAVIANI, D. **Educação**: do senso comum à consciência filosófica. São Paulo: Cortez, 1980.

SCHAFF, A. **A sociedade informática**. São Paulo: Ed. da Unesp; Brasiliense, 1990.

SÓFOCLES. **Édipo rei**. Rio de Janeiro: Difel, 2001.

TELHARD DU CHARDIN, P. **O fenômeno humano**. São Paulo: Herder, 1970.

TILLICH, P. **A coragem de ser**. Rio de Janeiro: Paz e Terra, 1967.

TRIGO, L. G. G. **A sociedade pós-industrial e o profissional em turismo**. Campinas: Papirus, 1998.

TRIGO, L. G. G. **Turismo e civilização**. São Paulo: Contexto, 2001.

VAZ, H. C. de L. **Antropologia filosófica**. São Paulo: Loyola, 2006.

WINCH, C.; GILGELL, J. **Dicionário de filosofia da educação**. São Paulo: Contexto, 2007.

Sobre o autor

Luiz Gonzaga Godoi Trigo é graduado em Filosofia e Turismo pela Pontifícia Universidade Católica de Campinas – PUC-Campinas, possui mestrado em filosofia pela mesma instituição e doutorado em educação pela Universidade Estadual de Campinas – Unicamp. É professor associado da Escola de Artes, Ciências e Humanidades da Universidade de São Paulo – USP, instituição na qual é livre-docente em Lazer e Turismo. Foi diretor e assessor da área de Hospitalidade e Hotelaria do Senac São Paulo (1995-2004), professor da PUC-Campinas (1988-2007) e da Universidade do Vale do Itajaí – Univali (SC) e ministrou cursos e palestras em várias universidades e instituições do Brasil e do exterior (Espanha, Israel, Argentina e França). Conta com vários livros e artigos publicados sobre educação, cultura, turismo, entretenimento e filosofia contemporânea.

Impressão: BSSCARD
Agosto/2013